07 1939 1945 | SEGUNDA GUERRA MUNDIAL

TRA GLI ARDITI DEL MARE
PER L'ONORE, PER L'ITALIA
X MAS
boccasile
ARRUOLATEVI

1939-1943
LA GUERRA SE TRASLADA AL ATLÁNTICO
EL FRAGOR DE LA CONTIENDA SE ALEJA DE LOS NÚCLEOS URBANOS

SEGUNDA GUERRA MUNDIAL | 1939-1945
Las claves de la mayor contienda de la Historia

biblioteca EL MUNDO

II GM

07 LA GUERRA SE TRASLADA AL ATLÁNTICO

Una producción para
Grupo Unidad Editorial S.A.
Presidenta: Carmen Iglesias
Consejero delegado: Antonio Fernández-Galiano
Director general editorial: Pedro J. Ramírez
Editor: Juan Carlos Laviana
Director de marketing: Pedro Iglesias

Edición
Centro Editor PDA, S. L.

Realización Editorial
Multiactiva Creación y Servicios Editoriales, S.L.

Diseño de cubiertas e interiores
ZAC diseño gráfico

Contenidos
Galland Books SLNE. Director: Lucas Molina
Director adjunto: Jorge Fernández-Coppel
Coordinador general: Juan Vázquez
Coordinador adjunto: Juan Carlos Salgado

Cartografía
quup comunicación

Ilustraciones
Ramiro Bujeiro, Julio L. Caeiro, Rodrigo Hernández, Marga Uriarte, Acción Press, Amber Books, Osprey Publishing

Fotografías
Hulton Archive/Getty Images, Time & Life Pictures/Getty Images, Popperfoto/Getty Images, Album/Akg Images, Album/Imperial War Museum, Archivo Planeta, Bettmann/Corbis, DeA Picture Library, Editis, Album, Keystone/Getty Images, New York Times Co./Getty Images, The Kobal Collection, Fox Photos/Getty Images, Galland Books SLNE, Francisco Javier del Campo, Juan Vázquez

Textos
Gabriel Cardona, Juan Vázquez
Recuadros: Gabriel Cardona [G.C.], Juan Vázquez [J.V.], Rodrigo Díaz [R.D.], Juan Carlos Losada [J.C.L.], José Ramón Soler [J.R.S.], José Miguel Sales [J.M.S.], Gregorio Torres [G.T.]

Infografías-Informes Visuales
Planeta: Martín Bustamante (p.38, p.97, p.129), Laura Burstein (p.78, p.140), Matías Costilla (p.47, p.109, p.122)

Impresión
Grupo Marte

ISBN Obra completa: 978-84-674-7542-5
ISBN Volumen 7: 978-84-674-7549-4
Depósito legal: M-27645-2009

Impreso en España-Printed in Spain

Imagen de cubierta: Artilleros a bordo de un destructor británico, en misión de escolta de un convoy en el Atlántico, en diciembre de 1941.

Imagen de página 2: Cartel de propaganda italiano con una lancha torpedera perteneciente a la X Flotilla MAS, la unidad que más éxitos logró en el Mediterráneo.

SUMARIO

LA OPERACIÓN LEÓN MARINO

Sir WINSTON CHURCHILL

Poco después de que comenzara la guerra el tres de septiembre de 1939 el Almirantazgo alemán, como sabemos por los archivos que se les han capturado, encargó al Estado Mayor un estudio sobre la invasión de Gran Bretaña. A diferencia de nosotros, ellos no tenían ninguna duda de que la única vía era a través de la parte estrecha del canal de la Mancha y nunca se plantearon otra alternativa. De haberlo sabido, habría sido un alivio para nosotros. Una invasión a través del Canal conducía a la parte de nuestra costa que estaba mejor defendida, el antiguo frente marino contra Francia, donde todos los puertos estaban fortificados y donde estaban situadas las principales bases de nuestra flotilla y, últimamente, la mayoría de nuestros aeródromos y estaciones de control aéreo para la defensa de Londres. En ninguna otra parte de la isla podíamos intervenir con mayor rapidez o con tanta fuerza con las tres armas. El almirante Raeder tenía mucho interés en que no lo apartaran en caso de que se propusiera a la Armada alemana la invasión de Gran Bretaña. Al mismo tiempo, pidió muchas condiciones, la primera de las cuales era el control absoluto de las costas, los puertos y las desembocaduras de los ríos franceses, belgas y holandeses. Por eso, el proyecto se adormeció durante la guerra sombría.

De pronto, todas estas condiciones se cumplieron y seguramente con algo de recelo pero también con satisfacción se presentó ante el *Führer* con un plan, el día después de Dunkerque y la rendición francesa. El veintiuno de mayo y otra vez el veinte de junio habló con Hitler sobre el asunto, pero no con la intención de proponer una invasión sino para asegurarse de que, si se diera la orden, no se precipitara la planificación detallada. Hitler se mostró escéptico, diciendo que «comprendía perfectamente las dificultades excepcionales de semejante empresa». Además, abri-

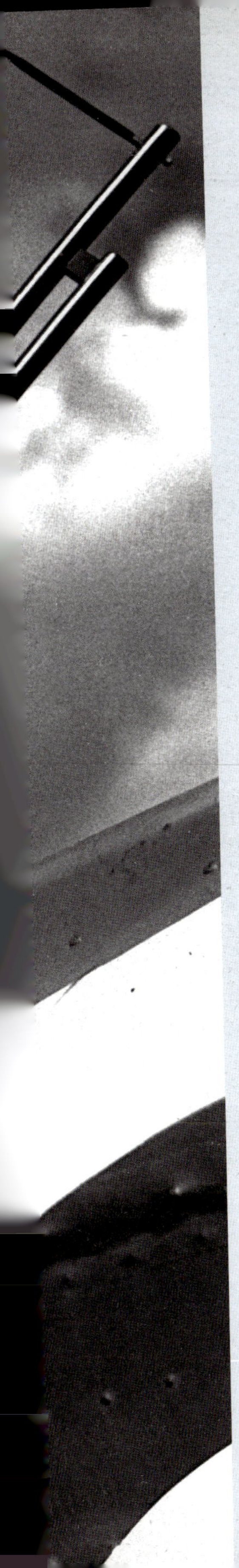

ARTILLERO ANTIAÉREO BRITÁNICO en agosto de 1940. Tanto alemanes como ingleses eran conscientes de que el éxito de la invasión germana de Inglaterra pasaba por el dominio aéreo del canal de la Mancha. El hecho de que la 'Luftwaffe' no lograra una completa hegemonía fue uno de los puntos claves por los que se suspendió la invasión.

gaba la esperanza de que Inglaterra hiciera un llamamiento a la paz. Hasta la última semana de junio el Cuartel General Superior no volvió a plantearse la idea, y sólo el dos de julio se dio la primera directriz para planificar la invasión de Gran Bretaña como un acontecimiento posible. «El *Führer* ha decidido que, en determinadas circunstancias, de las cuales la más importante es lograr la superioridad aérea, puede darse el desembarco en Inglaterra.» El dieciséis de julio Hitler publicó su directriz: «Puesto que Inglaterra, a pesar de su desesperada situación militar, no da señales de llegar a un acuerdo, he decidido preparar una operación de desembarco contra Inglaterra y, si fuese necesario, llevarla a cabo [...]. Los preparativos para toda la operación deberán estar acabados a mediados de agosto». Ya se habían tomado medidas en todo sentido.

DESPUÉS DE SUS LARGAS CONVERSACIONES CON EL ALMIRANTE RAEDER, HITLER HABÍA COMENZADO A DARSE CUENTA DE LO QUE SUPONÍA EL CRUCE DEL CANAL

El plan de la Armada alemana era fundamentalmente mecánico. Con la cobertura de las baterías de cañones pesados disparando desde Gris Nez hacia Dover, y una protección muy fuerte de la artillería a lo largo de la costa francesa en el paso de Calais, se proponían establecer un estrecho corredor a través del canal de la Mancha siguiendo la línea más corta y cómoda, y protegerlo con campos de minas a ambos lados y con submarinos en la periferia. Por este corredor transportarían el Ejército y le proporcionarían suministros en gran cantidad de oleadas sucesivas. Ésa era la misión de la Armada y a partir de entonces el problema quedaba en manos de los jefes del Ejército alemán.

Teniendo en cuenta que nosotros, con nuestra abrumadora superioridad naval, podíamos destrozar esos campos de minas con embarcaciones pequeñas, protegidas desde el aire, y también destruir la docena o la veintena de submarinos que se concentraran para protegerlos, esta propuesta resultaba endeble desde el primer momento. Sin embargo, tras la caída de Francia, era obvio que la única manera de evitar una guerra prolongada, con todo lo que ello suponía, era poner a Gran Bretaña de rodillas. La propia Armada alemana había sufrido, ya lo hemos dicho, un serio revés en la lucha frente a las costas noruegas y, en su estado de debilidad, no podía ofrecer más que un pequeño apoyo al Ejército. De todos modos, ellos tenían un plan y no se puede decir que los hubieran pillado desprevenidos por casualidad.

Desde el primer momento, el Mando del Ejército alemán se había planteado la invasión de Inglaterra con bastantes dudas. No habían hecho planes ni preparativos ni se habían entrenado. A medida que se fueron sucediendo las semanas de victorias prodigiosas y fantásticas, se fueron envalentonando. La responsabilidad de cruzar a salvo no correspondía a su departamento y, una vez desembarcados con toda su fuerza, pensaban que estarían capacitados para llevar a cabo su misión. De hecho, ya en agosto, el almirante Raeder consideró necesario llamarles la atención sobre los peligros de la travesía, durante la que se podían perder la totalidad de las fuerzas del Ejército empleadas. Cuando le endosaron a la Armada la responsabilidad de trasladar el Ejército al otro lado del Canal, el Almirantazgo alemán adoptó una actitud muy pesimista.

El veintiuno de julio los jefes de las tres armas se reunieron con el *Führer*, que les informó de que ya se había alcanzado la etapa decisiva de la guerra, aunque Inglaterra todavía no se había dado cuenta y seguía esperando que su suerte cambiara. Habló sobre el apoyo a Inglaterra por parte de Estados Unidos y sobre un posible cambio en las relaciones políticas de Alemania con la Rusia soviética. La ejecución del León marino, dijo, debía considerarse el medio más eficaz de alcanzar rápidamente el final de la guerra. Después de sus largas conversaciones con el almirante Raeder, Hitler había comenzado a darse cuenta de lo que suponía el cruce del Canal, con sus mareas y sus corrientes, y todos los misterios del mar. Describió la operación León marino como «una empresa excepcionalmente osada y temeraria». «Aunque la travesía sea corta, no se trata simplemente de cruzar un río, sino un mar dominado por el enemigo. No se trata de cruzar una sola vez, como en Noruega; no podemos esperar pillarlos por sorpresa; nos enfrentamos con un enemigo totalmente decidido y preparado para la defensa, que domina el espacio marítimo que debemos atravesar. Para la operación del Ejército harán falta cuarenta divisiones. La parte más difícil serán los refuerzos materiales y las provisiones. No podemos contar con disponer en Inglaterra de ningún tipo de suministros.» Los requisitos previos eran el total dominio del aire, el uso operativo de una artillería poderosa en el paso de Calais y la protección mediante campos de minas. Dijo también que «la época del año es un factor importante, ya que, durante la segunda mitad de septiembre, en el mar del Norte y en el canal de la Mancha el clima es muy malo, y las nieblas comienzan a mediados de octubre. Por tanto, la operación principal tiene que estar acabada antes del quince de septiembre porque, después de esa fecha, ya no se puede contar con que la *Luftwaffe* coopere con las armas pesadas. Pero como la cooperación aérea es decisiva, hay que tomarla como el factor principal para establecer la fecha».

HASTA EL SIETE DE AGOSTO NO SE CELEBRÓ LA PRIMERA CONVERSACIÓN ENTRE EL GENERAL HALDER Y EL JEFE DEL ESTADO MAYOR DE LA ARMADA

Surgió en los estados mayores alemanes una vehemente controversia, en la que hubo no poca aspereza, sobre la amplitud del frente y la cantidad de puntos que había que atacar. El Ejército exigía una serie de desembarcos a lo largo de toda la costa meridional inglesa, desde Dover hasta Lyme Regis, al oeste de Portland, y también querían un desembarco secundario al norte de Dover, en Ramsgate. El Estado Mayor de la Armada alemana declaró entonces que la zona más adecuada para atravesar el canal de la Mancha quedaba entre North Foreland y el extremo occidental de la isla de Wight. A partir de allí, el Estado Mayor del Ejército elaboró un plan para el desembarco de cien mil hombres, seguidos casi de inmediato por ciento sesenta mil más, en diversos puntos, desde Dover hacia el oeste, hasta la bahía Lym. El general Halder, jefe del Estado Mayor del Ejército alemán, declaró que era necesario desembarcar por lo menos cuatro divisiones en la zona de Brighton. También requirió desembarcos en la zona comprendida entre Deal y Ramsgate; por lo menos había que desplegar trece divisiones, en la medida de lo posible de forma simultánea, en puntos de todo el frente. Además, la *Luftwaffe* necesitaba medios para transportar cincuenta y dos baterías antiaéreas con la primera oleada.

Sin embargo, el jefe del Estado Mayor de la Armada aclaró que no era posible un movimiento tan amplio ni tan rápido. Dijo que físicamente no podía comprometerse a escoltar una flota de desembarco en toda la extensión de la zona mencionada. Lo que él pretendía era que, dentro de esos límites, el Ejército escogiera el mejor lugar. La Armada no tenía fuerza suficiente, a pesar de la supremacía aérea, para proteger más de un cruce por vez, y les parecía que lo más fácil era la parte más estrecha del paso de Calais.

Para transportar la totalidad de los ciento sesenta mil hombres de la segunda oleada junto con su equipo en una sola operación harían falta embarcaciones que sumaran dos millones de toneladas. Por más que se pudieran cumplir estos requisitos fantásticos, una flota de tal envergadura no cabría en la zona de embarque. Sólo se podrían transportar los primeros escalones para la formación de estrechas cabezas de puente, y harían falta por lo menos dos días para desembarcar los segundos escalones de estas divisiones, por no mencionar las otras seis divisiones que se consideraban indispensables. Señaló además que hacer un desembarco en un frente extenso supondría de tres a cinco horas y media de diferencia entre los horarios de pleamar de los diversos puntos seleccionados, con lo que habría que aceptar condiciones adversas de las mareas en algunos momentos o renunciar a los desembarcos simultáneos. Debió de ser muy difícil responder a esta objeción.

Se perdió un tiempo valioso en este intercambio de memorandos. Hasta el siete de agosto no se celebró la primera conversación entre el general Halder y el jefe del Estado Mayor de la Armada. En esta reunión, Halder dijo: «Rechazo absolutamente las propuestas de la Armada que, desde el punto de vista del Ejército, son un suicidio absoluto.

Sería como pasar las tropas que acaban de desembarcar por una máquina de fabricar salchichas». El jefe del Estado Mayor de la Armada replicó que él se oponía por su parte al desembarco en un frente extenso que sólo conduciría al sacrificio de las tropas durante la travesía. Al final, Hitler propuso una solución de compromiso que no fue del agrado ni del Ejército ni de la Armada. Mediante una directriz del Mando Supremo, publicada el veintisiete de agosto, se decidió que «las operaciones del Ejército tenían que tener en cuenta los hechos con respecto a la cantidad de espacio disponible en los barcos y la seguridad durante el cruce y el desembarco». Se descartaron los desembarcos en la zona comprendida entre Deal y Ramsgate, pero se amplió el frente desde Folkestone hasta Bognor. Así se llegó casi hasta finales de agosto antes de alcanzar siquiera este acuerdo y, por supuesto, todo dependía de conseguir la victoria en la batalla aérea que se venía librando hacía seis semanas.

Partiendo de la base del frente que se estableció finalmente, se trazó el plan definitivo. Se encomendó el mando militar a Rundstedt, aunque por falta de barcos su fuerza se vio reducida a trece divisiones, con doce en reserva. El 16º Ejército, desde puertos comprendidos entre Rotterdam y Boulogne, tenía que desembarcar en las cercanías de Hythe, Rye, Hastings y Eastbourne; el Noveno Ejército, desde puertos comprendidos entre Boulogne y El Havre, atacaría entre Brighton y Worthing. Había que capturar Dover desde el lado de tierra; a continuación, los dos ejércitos avanzarían hasta la línea de cobertura de Canterbury-Ashford-Mayfield-Arundel. En total, se desembarcarían once divisiones en las primeras oleadas. Una semana después del desembarco se esperaba, con optimismo, poder avanzar un poco más, hasta Gravesend, Reigate, Petersfield y Portsmouth. Quedaba en reserva el Sexto Ejército, con sus divisiones prontas para reforzar o, si las circunstancias lo permitían, para ampliar el frente de ataque hasta Weymouth. Sin duda lo que faltaba no eran tropas valientes y bien armadas sino un medio de transporte que fuera seguro.

SIN DUDA LO QUE FALTABA NO ERAN TROPAS VALIENTES Y BIEN ARMADAS SINO UN MEDIO DE TRANSPORTE QUE FUERA SEGURO

Sobre el Estado Mayor de la Armada recayó al principio la tarea más pesada. Alemania disponía de alrededor de 1.200.000 toneladas de barcos de altura para cubrir todas sus necesidades. Para embarcar a la fuerza invasora necesitaba más de la mitad de esta cantidad y esto ocasionaría un gran trastorno económico. A comienzos de septiembre, el Estado Mayor de la Armada comunicó que se habían requisado las siguientes embarcaciones: 168 transportes (de 700.000 toneladas), 1.910 barcazas, 419 remolcadores y barcos de pesca y 1.600 motoras.

A toda esta flota había que proporcionarle tripulación y transportarla hasta los puertos de reunión por mar y por canales. Cuando el uno de septiembre comenzó el gran desplazamiento hacia el sur para la invasión, fue detectado, comunicado y atacado violentamente por la Fuerza Aérea británica a lo largo de todo el frente, desde Amberes hasta El Havre. El Estado Mayor de la Armada alemana informó: «La presencia de una defensa permanentemente combativa del enemigo frente a la costa, su concentración de bombarderos sobre los puertos de embarque del León marino y sus actividades de reconocimiento costero indican que espera un desembarco inmediato».

Y también: «Sin embargo, los bombarderos ingleses y las fuerzas minadoras de la Fuerza Aérea británica [...] conservan toda su fuerza operativa y hay que confirmar que la actividad de las fuerzas británicas ha tenido éxito, aunque todavía no han supuesto un obstáculo decisivo para el movimiento de transporte alemán».

De todos modos, a pesar de los retrasos y los perjuicios, la Armada alemana completó la primera parte de su misión. Se agotó totalmente el margen previsto del 10 por 100 para accidentes y pérdidas. Sin embargo, lo que sobrevivió no quedó por debajo del mínimo con el que pensaba contar para la primera etapa.

Tanto la Armada como el Ejército le pasaron entonces el peso a la Fuerza Aérea alemana. Todo este plan del corredor, con sus balaustradas de campos de minas que había que colocar y mantener bajo la protección de la Fuerza Aérea alemana contra la abrumadora superioridad de las flotillas británicas y los barcos pequeños dependía de la derrota de la Fuerza Aérea británica y del completo dominio del aire por parte de Alemania en la zona del Canal y en el sureste de Inglaterra, y no sólo sobre el cruce sino también sobre los puntos de desembarco. Los dos ejércitos más antiguos le pasaron la pelota a Goering.

Goering no se mostró en absoluto reacio a asumir esta responsabilidad porque creía que al cabo de algunas semanas de intensos combates la Fuerza Aérea alemana, con su gran superioridad numérica, derrotaría la defensa aérea británica, destruiría sus aeródromos en Kent y en Sussex y establecería un dominio absoluto sobre el Canal. Pero además estaba convencido de que bombardear Inglaterra, y sobre todo Londres, reduciría a los decadentes y pacifistas británicos a una situación en la que tendrían que hacer un llamamiento a la paz, especialmente si el riesgo de invasión aumentaba cada vez más. El Almirantazgo alemán no lo veía nada claro; de hecho, tenían profundas dudas, consideraban que había que lanzar el León marino sólo como último recurso y en julio habían recomendado que se postergara la operación hasta la primavera de 1941, a menos que el ataque ilimitado de los aviones y los submarinos «obligara al enemigo a negociar con el *Führer* en sus propios términos». Pero el mariscal de campo Keitel y el general Jodl estaban contentos de que el comandante supremo de la Aviación tuviera tanta confianza.

Eran días de gloria para la Alemania nazi. Hitler se había dado el gusto de imponer la humillación del armisticio francés en Compiègne. El Ejército alemán pasó victorioso bajo el Arco de Triunfo y por los Campos Elíseos. ¿Había algo que no pudieran hacer? ¿Por qué dudar en jugar la carta decisiva? De modo que cada una de las tres armas que participaban en la operación León marino se dedicó a los factores optimistas de su área dejando a sus colegas el aspecto desagradable.

> *ERAN DÍAS DE GLORIA PARA LOS NAZIS. HITLER SE HABÍA DADO EL GUSTO DE IMPONER LA HUMILLACIÓN DEL ARMISTICIO FRANCÉS EN COMPIÈGNE*

A medida que fueron pasando los días comenzaron a aparecer y a multiplicarse las dudas y los retrasos. Según la directriz de Hitler del dieciséis de julio, todos los preparativos tenían que estar acabados a mediados de agosto. Los tres ejércitos veían que esto era imposible. A finales de julio, Hitler aceptó el quince de septiembre como primera fecha posible para el día D, reservando la decisión de emprender la acción hasta que se pudieran conocer los resultados de la gran batalla aérea prevista.

El treinta de agosto, el Estado Mayor de la Armada comunicó que debido a la contraofensiva británica contra la flota invasora los preparativos no se podían completar antes del quince de septiembre de modo que, a solicitud suya, el día D se postergó hasta el día veintiuno con la condición de que les avisaran diez días antes, lo que significaba que el once de septiembre había que dar la orden preliminar. El diez de septiembre, el Estado Mayor de la Armada volvió a comunicar que habían aparecido diversas dificultades, algunas meteorológicas, lo que siempre es un fastidio, y otras por la contraofensiva británica. Señalaron que si bien los preparativos navales necesarios podían estar acabados de hecho antes del día veintiuno, no se había cumplido la condición estipulada de contar con una superioridad aérea indiscutible sobre el Canal. Por tanto, el día once Hitler postergó tres días la orden preliminar, con lo que la primera fecha posible para el día D quedó fijada el día veinticuatro; pero el catorce la volvió a postergar. El día diecisiete la postergó de forma indefinida y por una buena razón, tanto en su opinión como en la nuestra.

El siete de septiembre, la información de que disponíamos indicaba que los movimientos de barcazas y embarcaciones menores desde el oeste y desde el sur hacia los puertos situados entre Ostende y El Havre estaban en marcha, y como estos puertos de reunión estaban sometidos a intensos ataques aéreos británicos no era probable que llevaran allí los barcos hasta poco antes del ataque real. El notable poder de la Fuerza Aérea alemana entre Amsterdam y Brest se había incrementado gracias a la transferencia de ciento sesenta bombarderos procedentes de Noruega, y se avistaron unidades de bombarderos de corto alcance en los aeródromos de vanguardia de la zona del paso de Calais. Cuatro alemanes capturados pocos días antes, después de desembarcar en un bote de remos en la costa del sureste, confesaron ser espías y dijeron que tenían que estar preparados en cualquier momento de la quincena siguiente para informar sobre los movimientos de las formaciones de la reserva británica en la zona de Ipswich, Londres, Reading y Oxford. Entre el ocho y el diez de septiembre las condiciones de la luna y de las mareas eran favorables para una invasión en la costa sureste. Por tanto, los jefes del Estado Mayor llegaron a la conclusión de que la posibilidad de una invasión ya era inminente y que las fuerzas defensivas debían mantenerse en estado de alerta para entrar en acción en cuanto les avisaran.

EN ALEMANIA, EL EJÉRCITO TENÍA UN PRESTIGIO COLOSAL Y LOS LÍDERES MILITARES TRATABAN A SUS COLEGAS NAVALES CON CIERTA CONDESCENDENCIA

Sin embargo, por entonces no había ningún mecanismo en el cuartel general de las Fuerzas Nacionales que permitiera convertir las ocho horas de aviso previo en «disponibilidad para entrar en acción de inmediato» mediante etapas intermedias. Por consiguiente, a las 20 horas del siete de septiembre, las Fuerzas Nacionales enviaron a los mandos del este y del sur la palabra clave «Cromwell» que quería decir «¡A sus puestos!» para las divisiones costeras de vanguardia. Se envió el mismo mensaje a todas las formaciones de la zona de Londres y al IV y el VII Cuerpo en la reserva del Cuartel General, y se repitió para su información a todos los demás mandos del Reino Unido. Ante esto, en algunas partes del país, los comandantes de la Guardia Nacional, por iniciativa propia, convocaron a sus hombres haciendo sonar las campanas de las iglesias. Ni yo ni los jefes del Estado Mayor supimos que se había utilizado la palabra clave decisiva, «Cromwell», y a la mañana siguiente se dieron instrucciones para establecer etapas intermedias a partir de las cuales se pudiera incrementar la vigilancia en ocasiones futuras sin declarar una invasión inminente. Como se puede imaginar, este incidente dio mucho que hablar y causó gran revuelo, aunque ni se mencionó en los periódicos ni en el Parlamento. Sirvió como un tónico útil y como ensayo para todas las partes involucradas.

Después de seguir el rastro de los preparativos de la invasión alemana hasta llegar a su momento culminante, vimos cómo el triunfalismo inicial cambiaba poco a poco hacia la duda y, finalmente, a la absoluta pérdida de confianza en los resultados. Durante los fatídicos meses de julio y agosto vemos al almirante Raeder esforzándose por explicarles a sus colegas del Ejército y la Fuerza Aérea las graves dificultades que entraña una guerra anfibia a gran escala. Se daba cuenta de su propia debilidad y de la falta de tiempo para una preparación adecuada, y trataba de imponer límites a los planes grandiosos adelantados por Halder para desembarcar simultáneamente unas fuerzas enormes a lo largo de un amplio frente. Mientras tanto, Goering, con una ambición vertiginosa, estaba decidido a lograr una victoria espectacular sólo con su Fuerza Aérea y se mostraba poco propenso a desempeñar un papel más humilde trabajando en un plan conjunto para lograr la reducción sistemática de las fuerzas marítimas y aéreas en la zona de la invasión.

Se desprende de los documentos que el Alto Mando alemán distaba mucho de ser un equipo coordinado que trabajara unido por una causa común y que se hiciera cargo de las capacidades y las limitaciones propias y ajenas. Cada uno quería ser la estrella más brillante del firmamento. Se notaron fricciones desde el comienzo y en la medida en que Halder podía echarle la responsabilidad a Raeder apenas se ocupó de poner sus planes a la altura de sus posibilidades prácticas. Tuvo que intervenir el *Führer*, aunque aparentemente no contribuyó demasiado a mejorar las relaciones entre los ejércitos. En Alemania, el Ejército tenía un prestigio colosal y los líderes militares trataban a sus colegas navales con cierta condescendencia. Es imposible no llegar a la conclusión de que el Ejército alemán no estaba dispuesto a ponerse en manos de su fuerza hermana en una operación importante. Cuando después de la guerra interrogaron al general Jodl sobre estos planes, respondió con impaciencia: «Nuestros planes eran muy parecidos a los de Julio César». Son las palabras de un auténtico soldado alemán en relación con la cuestión marítima, que no concibe los problemas que suponen un desembarco y el despliegue de amplias fuerzas militares en una costa defendida y expuesta a todos los peligros del mar.

En Gran Bretaña, dejando de lado nuestras deficiencias, comprendíamos perfectamente la cuestión marítima. La hemos llevado en la sangre durante siglos y su tradición no sólo estimula a nuestros marinos sino a toda la raza. Fue esto, por encima de todas las cosas, lo que nos permitió considerar con seriedad la amenaza de una invasión. El sistema de controlar las operaciones a través de los tres jefes del Estado Mayor, con la coordinación del ministro de Defensa, produjo un nivel de trabajo en grupo, mutuo entendimiento y disposición a la cooperación desconocido hasta ese momento. Cuando a su debido tiempo tuvimos ocasión de emprender grandes invasiones desde el mar lo hicimos partiendo de logros concretos en cuanto a la preparación para la misión y con el pleno conocimiento de las necesidades técnicas implícitas en empresas tan inmensas y arriesgadas. Aunque en 1940 los alemanes hubieran tenido unas fuerzas anfibias bien entrenadas, equipadas con todos los aparatos necesarios para este tipo de contienda, sus esperanzas habrían sido vanas de todos modos frente a nuestro poderío marítimo y aéreo. De hecho, no tenían ni los medios ni la preparación.

Cuanto más analizaban la operación el Alto Mando alemán y el *Führer*, menos les gustaba. Evidentemente, no podíamos conocer su estado de ánimo ni su valoración, ni ellos los nuestros, pero a partir de mediados de julio y hasta mediados de septiembre, con cada semana que pasaba, esa similitud desconocida de puntos de vista con respecto al problema entre el Almirantazgo alemán y el británico, entre el Mando Supremo alemán y los jefes del Estado Mayor británico, y también entre el *Führer* y el autor de este libro, se fue haciendo cada vez más marcada. Si nos hubiéramos podido poner también de acuerdo sobre otras cuestiones no habría sido necesaria una guerra. Evidentemente compartíamos la idea de que todo dependía de la batalla aérea. La cuestión era de qué modo acabaría esto entre los combatientes, y además los alemanes se preguntaban si el pueblo británico soportaría el bombardeo aéreo, cuyas consecuencias, en estos días, se exageraron considerablemente, o si se asustarían y obligarían al gobierno de Su Majestad a capitular. Con respecto a esto, Goering tenía muchas esperanzas y nosotros ningún temor.

Capítulo XI del Libro II *Solo* (10 de mayo de 1940-22 de junio de 1941). Memorias de Sir Winston Churchill *The Second World War*, edición de La Esfera de los Libros (2001).

LA BATALLA DEL ATLÁNTICO

"Las potencias firmantes reconocen que es prácticamente imposible emplear el submarino contra el tráfico, sin violar, como ha ocurrido durante la guerra 1914-1918, los principios universalmente aceptados por la naciones civilizadas para la protección de las vidas de los neutrales y de los no combatientes. Con el designio de hacer que se considere como definitivamente incorporado al derecho de gentes la prohibición en emplear los submarinos en la destrucción del comercio, conviene en considerar ligadas entre sí para lo sucesivo por esta prohibición e invitar a todas las demás potencias a adherirse al presente acuerdo".

(Artículo 4º del tratado entre Estados Unidos, Francia, Japón e Italia del 5-I-1922)

En su intenso esfuerzo por imponerse a Inglaterra durante los primeros años del siglo xx, el Atlántico se configuró como el espacio donde se libraría el gran pugilato en torno al punto más vulnerable del Impero británico: sus rutas navales. El II Reich procuró engrosar su *Hochseeflotte* (flota de alta mar) para poder combatir a la marina de guerra británica, que llevaba más de un siglo como la más importante del mundo. El intento resultó frustrado porque en 1914 estalló la Primera Guerra Mundial. La *Hochseeflotte* no pudo competir con la *Grand Fleet* británica ni enfrentarse con ella abiertamente en una batalla decisiva. Al contrario, se vio obligada a permanecer largo tiempo refugiada en sus puertos, para zarpar por sorpresa en rápidas incursiones, que buscaban destacamentos navales enemigos, con la intención de destruirlos uno tras otro para desgastar progresivamente a la *Royal Navy* en combates parciales. La estrategia tuvo éxito en algunas ocasiones y fracasó en otras, quebrantándose definitivamente en la batalla de Jutlandia al oeste de Alemania (31 de mayo a 1 de junio de 1916), cuyas pérdidas fueron irreparables para el poder naval alemán.

EL DRAMÁTICO HUNDIMIENTO DEL TRASATLÁNTICO 'LUSITANIA', el 7 de mayo de 1915, en el que murieron 1.198 pasajeros, en una ilustración del suplemento dominical del diario italiano 'Corriere della Sera'.

EL CRUCERO DE BATALLA ALEMÁN 'HINDENBURG', hundido por su dotación en Scapa Flow, en 1919, tras el internamiento de la Flota de alta mar. Todo un desafío a las potencias vencedoras.

Como resultaba vital cortar las rutas británicas de aprovisionamiento y la flota de superficie no podía hacerlo, los submarinos se encargaron de ello. Eran barcos todavía muy rudimentarios y, aunque los torpedos se habían desarrollado bastante, preferían hundir a los mercantes enemigos subiendo a la superficie para cañonearlos. La guerra submarina contra el comercio británico comenzó en mayo de 1915 y provocó la protesta de Washington, tras el hundimiento de los trasatlánticos norteamericanos *Lusitania*, el 7 de mayo de 1915, y *Arabic,* el 19 de agosto. A pesar de todo, Alemania declaró la guerra submarina total el 2 de enero de 1917.

El número de mercantes hundidos por los submarinos fue tan grande que puso a Gran Bretaña al borde del colapso, hasta que el Almirantazgo de Londres recurrió al sistema de convoyes, que redujo drásticamente las pérdidas.

Una vez derrotado el II Reich, en virtud del tratado de Versalles de junio de 1919, la *Kaiserliche Marine* recibió orden de concentrarse en la base británica de Scapa Flow, donde sus unidades serían repartidas entre los vencedores. El orgullo de los oficiales alemanes no aceptó semejante humillación y optaron por hundir sus barcos antes que entregarlos.

Por imperativos del tratado de Versalles, la nueva República de Weimar sólo contó con un pequeño ejército, el *Reichswehr,* de 100.000 hombres, sin fuerzas aéreas y una *Reichsmarine* insignificante frente a la británica, que no podría tener portaaviones ni submarinos y con fuerza de combate que se limitaría a seis acorazados de 10.000 t como máximo y seis cañones cuyo calibre no sobrepasara los 280 mm.

No era extraño que el tratado de Versalles prohibiera la construcción de más submarinos alemanes, que tan peligrosos habían sido para los ingleses. La decisión fue respetada durante los 16 años siguientes, aunque sin abandonar la investigación sobre dichos barcos y la formación de profesionales; en varias escuelas navales alemanas existían simulaciones de torres de mando y periscopios, donde practicaban los especialistas que, en caso de necesidad, podrían manejar rápidamente verdaderos sumergibles.

Ateniéndose a las limitaciones impuestas por el tratado, el almirante Wolfgang Zenker tomó el encargo de organizar la *Reichmarine,* cuya primera unidad de nueva construcción fue el crucero ligero *Emden,* botado el 7 de enero de 1925, dejando claro que reanudaba la historia de la marina alemana porque tenía el nombre de otro crucero hundido en 1914, la viuda de cuyo comandante se encargó de bautizar el nuevo. El 14 de noviembre de 1926, el *Emden* partió para un largo crucero de instrucción con 102 guardiamarinas a bordo y celebró un oficio funerario en el lugar donde los ingleses habían echado a pique su antecesor.

EL TRATADO DE VERSALLES NO SÓLO LIMITABA EL TONELAJE DE LOS BUQUES ALEMANES SINO TAMBIÉN LA ARTILLERÍA DE LOS MISMOS

En aquella época, los mayores buques de guerra desplazaban unas 30.000 t y montaban cañones de 356 mm, 318 mm y hasta de 406 mm. Las limitaciones impuestas a Alemania reducían sus mayores buques a misiones secundarias que nunca les enfrentaran con verdaderos acorazados. El tratado de Versalles no sólo limitaba el tonelaje de sus buques sino también la artillería, que no podía sobrepasar dos torres por barco, cada una con tres cañones de calibre 280 mm.

También especificaba que cuando los buques de guerra alemanes cumplieran 20 años podrían ser sustituidos por otros nuevos sin sobrepasar el número de buques que figuraba en el inventario. En 1928 llegó el momento de reemplazar los barcos antiguos por otros de nueva construcción, y el almirante Zenker recibió varios proyectos. Los ingenieros navales alemanes estimaban que, sin sobrepasar los márgenes establecidos, sólo podrían construir unidades de defensa costera.

Entonces apareció un proyecto revolucionario, que sustituía los remaches por soldadura eléctrica en profundidad; empleaba aleaciones ligeras en lugar de acero en varias zonas del navío; y suplía las calderas y turbinas de vapor por motores diésel de dos tiempos que proporcionaban alcances mucho mayores con pesos y potencias similares. La nueva unidad respetaba los límites del tratado de Versalles, pero utilizaba los últimos hallazgos de la técnica. El barco tendría velocidad suficiente para huir de los acorazados y bastante potencia de fuego para enfrentarse con los cruceros pesados capaces de darles alcance, porque solían montar piezas de 203 mm y el límite de las alemanas estaba en los 280 mm. Fue aprobado ocultándose que el desplazamiento real del nuevo buque sobrepasaba ligeramente el máximo permitido.

Tecnológicamente estaba por delante de su tiempo tanto en velocidad como en blindaje. La primera unidad puesta en grada por los astilleros Deutsche Werke de Kiel fue llamada *Panzerschiff* C (buque acorazado C), asignándole el futuro nombre de *Ersatz Braunschweig,* porque debía sustituir a un viejo buque de igual denominación, consignado en la lista de la flota. Posteriormente fue clasificado como crucero pesado y bautizado como *Deutschland.* La serie debía contar con cinco unidades, aunque sólo se construyeron tres, siendo los dos siguientes el *Admiral Scheer* y el *Admiral Graf Spee.*

| DESARROLLO CIENTÍFICO | 1939-1945 |

LA "BUNA" Y EL COMBUSTIBLE SINTÉTICO

FÁBRICA DE CAUCHO Y COMBUSTIBLE SINTÉTICO adjunta al campo de Auschwitz. Aquí se producía "buna" y gasolina, dos materias imprescindibles para la maquinaria bélica alemana.

Ante la inexistencia de colonias de ultramar propias y la falta de control de los mares, Alemania se encontró con el grave problema de la falta de materias primas vitales para la guerra como el caucho (imprescindible para neumáticos, mangueras, juntas aislantes, etc.) y el combustible. La carencia del caucho se solventó mediante el desarrollo de la "buna", el estireno-butadieno, que había sido inventado por entonces y que ante sus fallos y su elevado coste fue mejorado en los años treinta por la I.G. Farben, con resultados excelentes hasta convertir el producto en un auténtico caucho sintético. Sin embargo, los americanos se hicieron con el secreto, primero mediante hábiles trucos comerciales y luego mediante el espionaje industrial impulsado por la Firestone, lo que les fue luego muy útil pues la guerra en el Pacífico les privó también de su principal fuente de suministros de caucho. El resultado es que durante la guerra ambos países, en especial los alemanes hicieron un enorme esfuerzo por reciclar todo el caucho que caía en sus manos, sobre todo en los países ocupados, aparte de fabricar millones de toneladas de "buna" indispensable para la industria de guerra. A modo de ejemplo, cada avión necesitaba unos 200 kg, un carro de combate unos 100 kg, y un acorazado 75 toneladas, sin contar con los neumáticos de los vehículos. Obviamente las fábricas de caucho sintético alemán fueron uno de los objetivos preferidos de los bombardeos aliados, y su destrucción contribuyó al colapso armamentístico alemán de los últimos tiempos de la guerra.

La carencia de petróleo fue, en cambio, un problema exclusivamente alemán. A pesar de las reservas acumuladas antes de la guerra, la marcha de las operaciones enseguida las agotó. La producción local de Alemania y de los países ocupados era muy escasa para las grandes operaciones militares en las que estaba enfrascada. Pronto se hizo evidente que las importaciones de su aliada Rumanía eran indispensables, ante lo cual los aliados incrementaron su presión sobre los mismos y sus vías de transporte. Todo ello hizo que el III Reich impulsase la fabricación de combustible sintético, que llegó a suponer casi el 90 % del combustible empleado. El método se conocía por el nombre de su inventor, Friedrich Bergius, premio Nobel de Química en 1931, y consistía en hidrogenar el carbón a altas temperaturas, tras mezclarlo con aceite pesado y molerlo, y volver a mezclar la pasta resultante e hidrogenarla de nuevo, tras lo cual se obtenía gasolina. Con este sistema, de una tonelada de carbón, alquitrán o pizarras bituminosas, se podían obtener hasta 300 litros de gasolina. Antes de la guerra ya funcionaban en Alemania decenas de plantas que producían millones de toneladas de combustible, unas dedicadas al de la aviación, otras a la gasolina y otras al diésel. Sin embargo los bombarderos aliados fueron decisivos para la destrucción de casi todas estas plantas, logrando que los alemanes tuviesen que dejar parados sus aviones o carros de combate precisamente por falta de combustible, lo que aceleró significativamente el desenlace de la guerra. Ya que la Segunda Guerra Mundial fue, hasta el momento, la contienda en la que se emplearon más medios motorizados, sin duda, puede considerarse también la primera guerra del petróleo. [J.C.L.]

Cuando este último se fue a pique, en 1940, el *Deutschland* cambió su nombre por *Lützow*. Muy pronto, este nuevo tipo de buque fue conocido como "acorazado de bolsillo" y su aparición inquietó tanto a los franceses que iniciaron la construcción de los acorazados de la clase Dunkerque de 26.500 t y ocho piezas de 330 mm.

Alemania reconstruye su flota

La llegada de Hitler al poder, la expiración del tratado naval de Washington de 1922 y los tratados navales de Londres de 1930 y 1936 y el fracaso de las conferencias de desarme de Ginebra de 1927 y 1932 posibilitaron que Alemania y Japón, y parcialmente Italia, incrementaran notablemente sus flotas de guerra.

En marzo de 1934, Hitler anunció que el ejército alemán multiplicaría por seis el límite establecido por el tratado de Versalles. Además se crearía una fuerza aérea y se incrementaría la marina de guerra. La Sociedad de Naciones, Gran Bretaña, Francia e Italia condenaron esta decisión, pero Alemania explicó que sólo estaba interesada en mantener la paz y nadie tomó medidas para evitar el rearme. El temor a la Unión Soviética había despertado en Gran Bretaña una corriente favorable a la Alemania de Hitler y la política de Londres buscaba favorecerla, creyendo que su expansión no sería peligrosa y que el único propósito del *Führer* era una revisión de las condiciones impuestas en Versalles.

Desde 1928 mandaba la marina alemana el almirante Erich Raeder, simpatizante del nazismo, aunque no militante, que contaba con la confianza de Hitler y que nombró jefe del arma submarina a Karl Dönitz, que había mandado un submarino durante la Gran Guerra. En enero de 1934 se iniciaron los estudios para construir dos acorazados de 31.500 t, que se llamarían *Gneisenau* y *Scharnhorst*.

Sin consultar a Francia ni a Italia, el 18 de junio de 1935 Gran Bretaña y Alemania firmaron un acuerdo naval, que permitía a esta última incrementar el tonelaje de la marina militar de Hitler hasta el 35 % de la *Royal Navy*. La limitación comprendía todo tipo de buques excepto los submarinos, que podían crecer hasta el 45 % de los británicos.

Este acuerdo, hecho al margen de la opinión internacional, dañó seriamente el prestigio de la Sociedad de Naciones. Teóricamente garantizaba la paz y Alemania reconocía la supremacía naval del Reino Unido, descartando la posibilidad de una carrera de armamento naval, como la que había tenido lugar en los años anteriores a la Gran Guerra. Tres días antes de la firma, el almirante Erich Raeder, comandante general de la marina alemana, dijo a los oficiales: "El acuerdo ha nacido del deseo de evitar para siempre la posibilidad de un conflicto entre Alemania e Inglaterra".

En diciembre de 1935 se encargó la serie de acorazados clase Bismarck, cuya primera quilla se puso el 1 de julio de 1936 en los astilleros Blohm & Voss de Hamburgo. También comenzaron a construirse las dos primeras unidades de un programa para 32 submarinos, que desplazarían entre 250 y 712 t en superficie. En un año, estuvieron en servicio y organizados en flotillas, la primera de las cuales recibió el nombre de

EL 'SCHARNHORST' Y EL 'GNEISENAU' eran las naves más poderosas de la 'Kriegsmarine' en 1939. Clasificados como 'Panzerschiff' (acorazados), conceptualmente eran más parecidos a un crucero de batalla.

Weddigen, el comandante del pequeño U-9 que durante la Gran Guerra hundió los cruceros acorazados de 14.000 t *Hogue, Cressy* y *Aboukir* en la madrugada del 22 de septiembre de 1914 a la altura de Scheveningen. Era el principio de una carrera de construcciones que, en 1936, puso la quilla para cuatro submarinos más.

Desde 1935, la *Reichmarine* pasó a llamarse *Kriegsmarine* (marina de guerra) dotándose de nuevas unidades y conservando sólo dos de sus antiguos buques para entrenamiento. Hitler impuso una enorme actividad para recuperar el tiempo perdido y se sacaron los planos de nuevos buques que se habían seguido proyectando en secreto. Ese mismo año comenzaron a construirse en Finlan-

EL ALMIRANTE OTTO CILIAX, a la sazón comandante del 'Gneisenau', pasa revista a la dotación, en 1939. Se aprecia claramente la torre triple popel de 280 mm.

dia, por encargo alemán, 14 submarinos tipo Vesikko de 250 t, que estuvieron listos en 1935 y se convirtieron en escuela de submarinistas.

BANDERA DE LA MARINA DE GUERRA alemana, la 'Kriegsmarine', entre 1938 y 1945.

Inútilmente, la conferencia naval de Londres de diciembre de 1935, culminada en el tratado naval de 25 de marzo de 1936, intentó limitar los desplazamientos y artillería de los buques. Pero sólo firmaron Gran Bretaña y Estados Unidos, que ya tenían grandes flotas. Italia no quiso rubricarlo, Japón se retiró de la conferencia y Francia protestó porque no le permitieron un incremento que compensara el aumento de la potencia italiana. Por lo demás, el tratado no tuvo utilidad práctica, pues ni siquiera Gran Bretaña y Estados Unidos respetaron las limitaciones acordadas para la artillería y el tonelaje.

En 1936 la *Kriegsmarine* recibió su tercer acorazado de bolsillo, y se pusieron las quillas de cinco cruceros pesados, 16 destructores y 28 submarinos, mientras las escuelas navales forzaban el ritmo instruyendo miles de guardiamarinas y marineros para los buques, de modo que, en 1936, Alemania contaba con 40.000 hombres bien adiestrados en técnicas de la marina militar.

Una ocasión para entrenarse

La Guerra Civil española permitió a Hitler probar algunas de sus armas y unidades. La oportunidad fue muy bien aprovechada por la recién creada *Luftwaffe*, que comprobó sus aparatos y cañones antiaéreos en condiciones reales de combate, mientras la *Wehrmacht* verificaba en España los carros Panzer IA y algunas piezas de artillería. En cambio, la *Kriegsmarine* sólo envió algunas unidades de superficie y un par de submarinos, cuya actuación permaneció secreta, aunque cobró relevancia en algunos momentos.

El agregado naval español en París, teniente de navío Arturo Génova, dimitió de su cargo al iniciarse la sublevación militar para pasarse al bando nacional y, a principios de agosto, regresó a España para informarse de la situación naval. La mayor parte de la flota estaba con el gobierno de la República y las tropas de Marruecos no pudieron pasar a la Península por temor a ser interceptadas en el estrecho de Gibraltar, hasta que, a comienzos de agosto, la protección de los Savoia-81 italianos liberó las comunicaciones entre Marruecos y la Península.

Apoyando teóricamente al Comité de No Intervención de Londres, Alemania envió varios buques a patrullar las aguas españolas, aunque sin intervenir momentáneamente en la guerra naval. A partir de octubre, cuando comenzaron a llegar las armas soviéticas, los barcos alemanes patrullaron el Mediterráneo avisando a la marina franquista de los mercantes que estaban en ruta.

Como los 12 submarinos de la marina española habían quedado en el bando gubernamental, los sublevados carecían de ellos y el teniente de navío Génova inició contactos en el extranjero para lograr dos unidades. Se entrevistó con el almirante Canaris, jefe de los servicios secretos navales alemanes, sin resultado: el almirante Raeder no

|ERICH RAEDER|1876-1960|

EL ALMIRANTE ALEMÁN QUE INVADIÓ NORUEGA Y DINAMARCA

Brillante estratega que planificó el plan Z y la invasión de Escandinavia, Erich Raeder no consiguió pese a estos éxitos escapar a la ira de Hitler, que acabó relegándolo.

Raeder nació en Wandsbeck, un distrito de Hamburgo, el 24 de abril de 1876, e ingresó en la marina en 1894, participando en las batallas navales de la Gran Guerra. En 1928 ascendió al grado de almirante general y fue nombrado comandante en jefe de la *Reichsmarine*. Propuso a Hitler el plan Z, que fue aceptado, y preparó la adaptación de mercantes para actuar como buques corsarios. El 1 de abril de 1939 fue nombrado gran almirante, graduación que nadie había ostentado después de Alfred von Tirpitz.

En octubre de 1939 sugirió la operación Weserübung para ocupar Dinamarca y Noruega con la finalidad de obtener bases desde las que pudieran atacar Gran Bretaña. La operación resultó un éxito, pero Hitler le achacó las grandes pérdidas de la *Kriegsmarine*.

En cambio, se opuso a la invasión de Gran Bretaña tal como Hitler la proyectaba, opinando que bastaría la guerra submarina para doblegar la resistencia inglesa y que la invasión no podía plantearse sin tener el dominio del aire, de modo que cuando fracasó la batalla de Inglaterra, propuso a Hitler no intentar la invasión.

También en 1941 se mostró contrario a la invasión de la URSS, que le pareció desproporcionada para la potencia alemana. La *Kriegsmarine* había logrado éxitos espectaculares al comenzar la guerra, sin embargo, la *Royal Navy* acabó imponiéndose con irritación de Hitler, que comenzó a responsabilizar al almirante. El 6 de enero de 1943, el *Lützow* y el *Admiral Hipper* no lograron detener a un gran convoy aliado que navegaba por el Ártico y Hitler, en un ataque de cólera, criticó a la marina alemana desde los tiempos de la Gran Guerra, echando las responsabilidades sobre Raeder, que dimitió el 30.

EL GRAN ALMIRANTE ERICH RAEDER (1891-1960) mantuvo una tensión constante con Hitler hasta que fue sustituido por Karl Dönitz.

Hitler lo sustituyó por Dönitz, jefe de los submarinos, únicos que, según él, habían tenido éxito. Al terminar la guerra, fue procesado en Nuremberg y condenado a prisión por la invasión de Dinamarca y Noruega. Liberado en 1955 por razones de salud, publicó dos años después su autobiografía, *Mein Leben*, y falleció en Kiel en 1960. [G.C.]

deseaba comprometerse cediendo submarinos a los sublevados españoles porque estaba formando una gran marina de guerra, con aquiescencia británica, y no quería llamar la atención internacional.

A principios de octubre de 1936, el almirante Moreno, jefe de la flota franquista, solicitó del oficial de enlace alemán, comandante Wagner, la cesión de un submarino o de más si era posible. Wagner respondió haciendo creer que sería posible entregar un submarino costero, bajo mando alemán, pero transcurrió el tiempo sin que llegara el sumergible, que nunca fue entregado.

Intervención en España

El alto mando naval alemán comprendió que, a pesar de todo, aquélla era una buena coyuntura para probar buques y entrenar tripulantes con vistas a un conflicto con Francia y, el 2 de noviembre de 1936, se preparó un plan para enviar dos submarinos oceánicos a las costas españolas.

La operación se disimuló como si se tratara de maniobras ordinarias de entrenamiento y fue llamada Úrsula, como la hija de comodoro Karl Dönitz, jefe del arma submarina. La orden de operaciones designó al almirante Boehm jefe del supuesto táctico y enlace con los submarinos, que debía coordinar con los sumergibles italianos que operaban secretamente a favor de Franco.

La operación sólo sería conocida por los oficiales participantes y se mantendría en secreto incluso para Franco. Se formarían patrullas de dos semanas, alternando los submarinos alemanes e italianos, con la finalidad de patrullar las rutas y atacar a los buques de guerra republicanos, principalmente los de mayor tonelaje.

Le fueron asignados los submarinos oceánicos U-33 y el U-34, del tipo VIIA, pertenecientes a la 2ª Flotilla *Saltzwedel*. Sus comandantes, Ottoheinrich Junker y Ernst Sobe, fueron sustituidos por Kurt Freiwald y Harald Grosse, submarinistas más experimentados, el último de los cuales había navegado por aguas españolas en 1931, con ocasión de las pruebas del E-1, un submarino construido en los astilleros españoles de Horacio Echevarrieta con planos de la Yngenieurs Kontor

CARTEL PROPAGANDÍSTICO EN ESPERANTO de la Guerra Civil española contra el apoyo italo-alemán a las tropas nacionales: "¿Qué estás haciendo para parar esto?".

voor Scheepsbouw de Holanda, empresa financiada por la *Kriegsmarine*.

El 17 de noviembre, los comandantes Freiwald y Grosse marcharon a Roma para entrevistarse con los almirantes Pini y Di Giamberino, con quienes acordaron que los submarinos italianos patrullarían en sus zonas hasta el 29 de noviembre, cuando regresarían a sus bases. Al día siguiente, el 30, los alemanes llegarían a estas zonas de patrullaje, donde navegarían hasta que, el 11 de diciembre, fueran relevados por los italianos. Para evitar trágicas confusiones, durante la noche del relevo quedaba prohibido torpedear a cualquier otro submarino que apareciese en la zona. En caso de emergencia, los submarinos alemanes podrían entrar en la base italiana de La Magdalena, pero siempre con bandera italiana.

Los dos submarinos alemanes partieron del Elba el 20 de noviembre de 1936, con instrucciones de no dejarse ver ni por los buques propios. No debían enarbolar el pabellón alemán hasta su regreso y, ya en alta mar, eliminaron todos los elementos de identificación, advirtiéndose a los tripulantes que debían guardar el secreto bajo amenaza de pena de muerte. En caso de ser descubiertos, debían regresar inmediatamente a su base, pero navegaron sin contratiempos, atravesaron el estrecho de Gibraltar el 27 por la noche, cruzándose con un destructor republicano que no los detectó y, ya en el Mediterráneo, esperaron la retirada de los submarinos italianos, mientras el U-34 iniciaba una exploración hacia Málaga.

El 30 de noviembre, el U-33 comenzó a patrullar entre el este del cabo de Palos y el cabo de la Nao, mientras el U-34 lo hacía entre el oeste de Palos y Cartagena. El almirante Boehm y el alto mando naval estaban muy atentos a los riesgos políticos de la operación y sus comunicaciones con los barcos fueron difíciles, enlazando por radio sólo durante la noche, cuando se alejaban 20 millas de la costa para emerger y recargar sus baterías.

Al anochecer del 1 de diciembre, el U-34 lanzó un torpedo contra un destructor republicano cerca de la bocana del puerto de Cartagena, falló y el artefacto estalló contra la costa sin que, al parecer, nadie investigara aquella extraña explosión. A la noche siguiente, inició una nueva maniobra de ataque, que abandonó al avistarse un destructor británico; al amanecer del 5 de diciembre, lanzó un segundo torpedo contra un destructor republicano, fallando de nuevo; el 8 repitió el fracaso contra otro barco igual y suspendió sus ataques porque apareció el torpedero alemán *Wolf*, patrullando frente a Cartagena.

AL ANOCHECER DEL 1 DE DICIEMBRE, EL U-34 LANZÓ UN TORPEDO CONTRA UN DESTRUCTOR REPUBLICANO CERCA DE LA BOCANA DEL PUERTO DE CARTAGENA

El U-33 estaba en una zona con menos tráfico y avistó un convoy republicano el 2 de diciembre, sin atacarlo a causa de la presencia del destructor de escolta. El 5 de diciembre avistó a otro destructor, que no atacó por no poder identificarlo, y al día siguiente sucedió lo mismo con un crucero y dos destructores.

El 11 de diciembre, ambos submarinos dejaron sus zonas de operaciones. El 12, el submarino republicano C-3 navegaba en superficie frente a las costas de Málaga cuando fue avistado por el U-34 que tam-

bién navegaba emergido y se sumergió rápidamente, lanzado un solo torpedo a las 14:19 h. El C-3 fue alcanzado a unos 8 m de la proa y cayeron al agua dos marineros que se encontraban en cubierta y el capitán de la marina mercante Agustín García, que estaba de guardia en la torreta. Fueron los únicos supervivientes, porque el buque se partió en dos, hundiéndose rápidamente, con el resto de los tripulantes. El ataque fue atribuido inicialmente a un submarino extranjero, hasta que, no pudiendo probarlo, se achacó a una explosión por causas internas.

VISTA FRONTAL DE UNO DE LOS TORPEDEROS ALEMANES que operaron en aguas españolas en el transcurso de la Guerra Civil española. En primer plano, un cañón naval de 10,5 cm, y en el puente, el águila de la 'Wehrmacht'.

PORTUGAL, UNA DICTADURA FASCISTA Y PROBRITÁNICA

El 'Estado Novo' portugués era un régimen fascista peculiar. Derivaba del pronunciamiento del 28 de mayo de 1926, que instauró la Dictadura Nacional, presidida por el general António Óscar de Fragoso Carmona desde el 16 de noviembre de ese año.

En 1926, Carmona nombró ministro de Finanzas al profesor de economía António de Oliveira Salazar, militante democristiano, que dimitió posteriormente por discrepar de la política económica. La grave crisis financiera hizo que el presidente lo llamara de nuevo en 1928 y aceptó el cargo a condición de poder controlar la totalidad del presupuesto estatal. Convertido en hombre clave del sistema, creó un partido único llamado Unión Nacional y, en 1932, se convirtió en primer ministro, con Carmona como presidente.

Al año siguiente se instituyó el *Estado Novo*, basado en una Constitución, aprobada en plebiscito. Fue un tipo propio de fascismo, conservador y clerical, con ciertos parecidos a la Dictadura de Primo de Rivera. El presidente de la República era un cargo prácticamente honorífico y, aunque podía destituir al presidente del gobierno, nunca puso en práctica tal función. El sistema contaba con un simulacro de Parlamento, integrado por la Asamblea Nacional y la Cámara Corporativa, formadas exclusivamente por sus leales.

El verdadero poder se concentraba en Salazar, dado que el presidente del gobierno acumulaba poderes ejecutivos y legislativos. Personalmente, se mantuvo alejado de las posturas militaristas y mayestáticas que tanto gustaron a Franco, Hitler y Mussolini. Hombre de fuertes convicciones católicas, asoció su régimen a la Iglesia, a la que concedió privilegios muy importantes en el Concordato de 1940.

La represión descansó fundamentalmente en la *Polícia de Vigilância e Defensa do Estado* (PVDE), creada en 1933, con una sección dedicada al control político interior mientras otra, llamada internacional, se encargaba de la inteligencia y el control de los inmigrantes. Sus criterios se basaron en la represión selectiva, no en la persecución masiva propia de los nazis, y los detenidos políticos eran internados en la prisiones de Peniche y Caixas. Desde 1936 se acentuó la represión y se creó el campo de concentración de Tarrafal, en la isla de Cabo Verde, para confinar a los presos políticos considerados más peligrosos, y administrado por la PVDE, que recibió enseñanzas de instructores italianos y alemanes y practicó la tortura y el asesinato.

En 1936, el Estado Nuevo se inspiró en las organizaciones fascistas para crear una milicia propia, la *Legião Portuguesa*, con su rama juvenil, *Mocidade Portuguesa* (juventud portuguesa). Al estallar la sublevación militar contra la República española, el régimen portugués le prestó inmediata ayuda, envió voluntarios a la guerra con el nombre de Viriatos, y permitió en su territorio el contrabando de guerra y el espionaje.

La debilidad militar hacía difícil mantener su gran imperio colonial, en una época de grandes tensiones internacionales. La política ultramarina de Lisboa consistió en mantener la bandera en los amplios territorios repartidos por varios continentes, sin complicarse en aventuras ni intentar nuevas anexiones.

Las buenas relaciones anglo-portuguesas de los últimos siglos no fueron deterioradas por Salazar. En 1939, firmó un pacto de amistad y no agresión con Franco, rechazó el pacto Antikomintern y rubricó un acuerdo de cooperación militar con Gran Bretaña.

Durante la Segunda Guerra Mundial, el salazarismo fue cauteloso en su política exterior, procurando mantenerse en equilibrio entre el Eje, España y los aliados, aunque se convirtió en el paraíso del espionaje y la PVDE mantuvo continuas relaciones con la Gestapo. Su postura fue de neutralidad simpatizante con Gran Bretaña aunque manteniendo el comercio con Alemania e Italia, para exportar a ambos bandos tungsteno, mica, zinc, manganeso y cromo. La negociación del comercio exterior con Gran Bretaña supuso grandes beneficios para Portugal, que cobraba sus exportaciones en libras y pagaba en escudos las importaciones británicas, aunque procedieran de otros países como Estados Unidos. Alemania le enviaba acero, hierro, armamento y material ferroviario a precios reducidos, y el recíproco comercio se pagaba contrabalanceando las compras recíprocas a través de los respectivos bancos centrales. Existía también un considerable contrabando de productos sudamericanos vendidos a Alemania por intermediarios portugueses, y la balanza comercial con Italia fue siempre favorable a Lisboa.

Preocupaban especialmente a los aliados las ventas de tungsteno portugués a la industria militar alemana. Para evitarlas, Estados Unidos llegó a comprar grandes cantidades de este mineral a precios muy superiores a los de mercado.

La situación acabó deteriorándose. En 1942, se firmó el Pacto Ibérico con España, pero los japoneses invadieron el Timor Portugués, la parte oriental de la isla de Timor, y, en 1943, Salazar aprovechó los acuerdos anteriores a la guerra para autorizar una base británica en las Azores, recibiendo una compensación en armamento. Como la base fue también utilizada por la Fuerza Aérea norteamericana, Portugal logró una cierta consideración de aliado, que le serviría después de la guerra.

No obstante Washington advirtió que, si no cesaba el comercio con Alemania, interceptaría los mercantes portugueses y, en 1944, Londres presionó para suspender las ventas de minerales a Berlín. Como Salazar rechazó las imposiciones, el gobierno norteamericano decidió aplicarle sanciones económicas que sólo evitaron momentáneamente la intervención británica.

Las simpatías portuguesas por el Eje se vieron finalmente dañadas en mayo de 1944, cuando la intervención de un submarino alemán contra un mercante portugués ocasionó tres muertos. Lisboa decidió cortar sus suministros a Alemania, autorizó una base norteamericana en las Azores y permitió que las tropas estadounidenses permanecieran nueve meses en Timor después de expulsar a los japoneses.

El balance final resultó favorable al régimen portugués que, a pesar de su naturaleza, no sufrió la condena de los aliados. [G.C.]

EL AUTÓCRATA PORTUGUÉS, ANTÓNIO SALAZAR (en el centro), logró un difícil equilibrio entre los países del Eje y los aliados y se benefició de los acuerdos comerciales que logró con ambas partes.

| MARLENE DIETRICH | 1901-1992 |

LA DIVA ALEMANA ENEMIGA DE LOS NAZIS

Actriz y cantante mítica, Marlene Dietrich adquirió gran importancia simbólica durante la Segunda Guerra Mundial por tratarse de una alemana alta y rubia, enemiga de los nazis, que hacía propaganda para los aliados, vendía bonos de guerra, entretenía a los soldados en los frentes e interpretaba en inglés *Lili Marleen*, la canción más famosa de esta guerra. Cuidaba mucho las formas, especialmente su vestuario. Preferida por los diseñadores, contribuyó a extender la moda de los pantalones femeninos.

Mantuvo discretamente una activa y compleja vida sexual. Se casó y tuvo una hija con Rudolf Sieber, luego director de la Paramount en Francia, aunque su gran amor fue el actor francés Jean Gabin y tuvo romances con numerosos hombres, entre ellos Yul Brynner, y varias mujeres como Greta Garbo, Mercedes de Acosta, Claudette Colbert y María Félix.

Marlene Dietrich había nacido en Berlín, el 27 de diciembre de 1901. Asistió a la escuela entre 1906 y 1918. Estudió violín pero tuvo que abandonarlo a causa de una lesión de muñeca. Trabajó como corista en pequeños papeles teatrales y en seis películas mudas. Su oportunidad llegó en 1930, con *El ángel azul*, primera sonora alemana, película dirigida por Josef von Sternberg en la que cantó *Enamorándome otra vez.* El éxito la llevó a Hollywood, donde rodó *Marruecos*, su única nominación al Oscar, prosiguiendo con numerosos rodajes, en algunos de los cuales cantaba, con una voz limitada y un tanto ronca. Von Sternberg se esforzó en presentarla como elegante mujer fatal, logrando fama gracias a *El expreso de Shanghai*, *La emperatriz escarlata* y *El diablo es mujer.*

Se negó a regresar a la Alemania nazi y se nacionalizó norteamericana. Cuando Estados Unidos entró en la guerra desempeñó una notable actividad, cantando y tocando la sierra musical para los soldados en Argelia y Francia. Entró en Alemania con las tropas aliadas y, al preguntarle por qué razón se exponía al peligro frecuentando los frentes, contestó: "Por decencia".

Entre 1919 y 1948, intervino en 37películas, de las que destacan *Testigo de cargo,* de Billy Wilder, y *Sed de mal,* de Orson Welles. Sus piernas fueron consideradas perfectas y aseguradas en un millón de dólares. Mantuvo su independencia de las costumbres de Hollywood y su fuerte acento alemán contribuyó a que siempre fuera considerada extranjera.

Tras esta breve misión, se suspendió la operación Úrsula y los dos submarinos alemanes regresaron el 15 de diciembre a su base de Wilhelmshaven. En 1939, Hitler condecoró a sus comandantes y tripulantes.

El cerrado secreto impuesto a esta breve intervención submarina impidió una intervención más rotunda de los barcos, que tampoco fue brillante, porque dispararon un total de cuatro torpedos, fallando tres. La operación Úrsula apenas tuvo incidencia como entrenamiento, sin embargo, preparó el camino para una colaboración entre los submarinistas italianos y alemanes, concluyendo que, si estallaba la guerra, los segundos se encargarían de las operaciones en el Atlántico y los primeros lucharían en el Mediterráneo.

El caso del 'Deutschland'

Este acorazado de bolsillo llevó a cabo numerosas patrullas en aguas españolas, con frecuentes escalas en Tánger, Cádiz, Palma de Mallorca, Canarias y Gibraltar, pero nunca en puertos republicanos. El 29 de mayo de 1937 estaba fondeado en la bahía de Ibi-

En 1953 fue contratada para un breve espectáculo en un hotel de Las Vegas por 30.000 dólares semanales. Su éxito la llevó al londinense Café de París y a renovar su contrato de Las Vegas. Esta nueva etapa como actriz de cabaret duró hasta los años sesenta, bajo la dirección de Burt Bacharach, con arreglos adaptados a su voz y un fastuoso vestuario que mantuvieron la apariencia y la fama de la actriz durante un tiempo. Grabó numerosos discos e intervino en la televisión y la radio, con una última grabación en su apartamento de París, en 1987.

En septiembre de 1975 se rompió una pierna, mientras actuaba en Sidney. Su esposo, Rudolf Sieber, falleció en 1976. Hizo una breve aparición en 1979, en la película *Sólo un gigoló*, y se retiró luego a su apartamento de París, donde pasó sus últimos once años asistida por unos pocos empleados, aunque con intensas relaciones epistolares y telefónicas. El año 1982 permitió a Maximilian Schell rodar *Marlene* grabando su voz sin ser filmada. El documental recibió importantes premios y ella falleció pacíficamente en París, el 6 de mayo de 1992 a los 90 años. En 1999, el *American Film Institute* la proclamó novena actriz más importante de todos los tiempos. [G.C.]

MARLENE DIETRICH decidió emigrar a Estados Unidos antes de la guerra ante la situación política alemana.

za junto al destructor *Leopard* cuando, a las 19:12 h, aparecieron dos bombarderos republicanos Katiuska. Parece que lo confundieron con el *Canarias*, pero el caso fue que lanzaron varias bombas de 50 kg, dos o tres de las cuales alcanzaron al *Deutschland*, produciendo daños en la torre III de estribor de 15 cm. Algunas esquirlas alcanzaron a uno de los hidroaviones, incendiando su gasolina, que causó daños en la cámara de suboficiales; una de las bombas perforó la cubierta, provocando un incendio de aceite y también sufrió daños el comedor de marinería. Los resultados han sido muy controvertidos, pero parece que fueron 31 muertos y 110 heridos, 71 de ellos graves, en su mayoría quemados.

Hitler, fuera de sí, ordenó una represalia y, el 31 de mayo, el acorazado *Admiral Scheer* y los destructores *Seeadler* y *Albatross* bombardearon la ciudad de Almería, que carecía de defensas. Reunido el gobierno republicano, Indalecio Prieto propuso replicar con un ataque masivo de la aviación contra los buques alemanes. Azaña se lo impidió con una frase significativa referida a la Cuba de 1898: "El

VISTA AÉREA DE LA SECCIÓN CENTRAL de uno de los cruceros ligeros alemanes donde se aprecian claramente los montajes triples lanzatorpedos, el hidroavión sobre la catapulta y los montajes dobles antiaéreos.

Deutschland puede convertirse en nuestro *Maine*". Seguidamente, el gobierno alemán denunció ataques contra buques italianos y alemanes, advirtiendo que tomaba medidas para evitarlos y, entre el 1 y el 7 de junio, envió varias unidades a las aguas españolas.

El 15 de junio de 1937, el comandante del crucero *Leipzig* declaró que su barco había recibido tres disparos de torpedo, que no estallaron, cuando navegaba frente a Orán, y el 18 aseguró haber recibido otro. Resultaba muy extraño ese repetido ataque fallido y Prieto ofreció a Eden facilidades para abrir una investigación. Alemania no insistió y con el pretexto de los misteriosos ataques a su crucero abandonó las patrullas de no intervención y retiró sus barcos del Mediterráneo. El 20 de octubre, el *Deutschland* y el *Admiral Graf Spee* regresaron a Alemania. Estas limitadas operaciones en España resumían toda la intervención bélica de la *Kriegsmarine.*

Cambio de enemigo

El almirante Raeder, comandante en jefe de la *Kriegsmarine*, creyó la afirmación de Hitler de que mantendría buenas relaciones con los ingleses. Partiendo del postulado de que el principal enemigo naval sería Francia, hizo programar una estrategia para proteger las rutas comerciales de Alemania, que recibía por mar 29 millones de toneladas de materias primas imprescindibles. La *Kriegsmarine* se preparó para proteger la navegación comercial del III Reich y simultáneamente, interceptar las líneas comerciales francesas con sus colonias ultramarinas.

A principios 1938, los éxitos de sus reivindicaciones territoriales habían cegado a Hitler hasta el punto de creer que el Reino Unido asistiría "inactivo y silencioso" a sus planes expansionistas. En mayo, comunicó al almirante Raeder que las circunstancias habían cambiado y ya no podía descartarse

una guerra contra los ingleses. Era necesario preparar la estrategia naval para enfrentarse en el mar con Gran Bretaña.

Se trataba de una petición muy difícil de cumplir. A Raeder ya le resultaba casi imposible igualar el poder naval de los franceses y ahora se le pedía equipararse con los ingleses. Preguntó cuánto tiempo faltaba para comenzar la guerra y el *Führer* aclaró que no sería antes de 1944 o 1945. Tenía seis años para equiparar la *Kriegsmarine* con la poderosísima *Royal Navy*.

Las opiniones de los almirantes alemanes estaban divididas en dos corrientes. La predominante prefería construir una gran flota submarina destinada al combate lejano en el Atlántico y una pequeña flota de buques de superficie dedicada a proteger la costa

|**POLÍTICA**|1939-1945|

LA EXTRAÑA NEUTRALIDAD DE IRLANDA

Irlanda pertenecía a la Commonwealth y, por el tratado de 1922, sus habitantes podían establecerse, trabajar y votar en Gran Bretaña como ciudadanos británicos. Al comenzar la guerra, el primer ministro irlandés, Eamon de Valera, se declaró neutral y Eduard Hempel, el embajador alemán, utilizó libremente su estación de radio para transmitir informaciones meteorológicas, noticias sobre movimientos de tropas y los efectos de los bombardeos.

Si se hubiera alineado con el Eje, los ingleses habrían invadido el país o, por lo menos, ocupado lugares como Cobh, Queenstown o el puerto de Cork. Si se hubiera declarado favorable a Londres, habría excitado los sentimientos antibritánicos internos y provocado al IRA, que De Valera controló durante toda la guerra confinando a numerosos militantes y ejecutando a algunos de ellos. La neutralidad se mantuvo, incluso cuando los aviones alemanes bombardearon por error territorio irlandés.

El *premier* británico Neville Chamberlain ofreció unificar la isla y apoyarla en caso de una invasión alemana a cambio de que, sin declarar la guerra, permitiera el libre acceso a sus puertos y espacio aéreo y se integrara en un consejo de defensa conjunto. Dublín rechazó el ofrecimiento, aunque permitió que miles de irlandeses combatieran en las tropas británicas, manteniendo la neutralidad durante toda la guerra.

En los primeros tiempos de la guerra, el ejército irlandés no habría podido custodiar sus extensas costas ni evitar un desembarco alemán. Irlanda necesitaba los permisos navales británicos para importar petróleo, mientras que Gran Bretaña precisaba los alimentos irlandeses. Entretanto, muchos militares y marinos aliados vestidos de civil descansaban cómodamente en Irlanda, donde no existía el racionamiento.

La situación era distinta en los cinco condados de Irlanda del Norte integrados en el Reino Unido y regidos por sus mismas leyes, aunque exentos del reclutamiento militar obligatorio. En sus puertos de Derry y Belfast se reparaban los buques de guerra aliados y se organizaban numerosos convoyes. En su territorio se estacionaron numerosos efectivos militares británicos. Estaba en funcionamiento una importante base aérea antisubmarina y las primeras tropas norteamericanas que llegaban a Europa desembarcaron en el Ulster, donde establecieron importantes bases.

La postura hacia los judíos resultó confusa y, sin mostrar antisemitismo, las autoridades irlandesas dificultaron oficial y oficiosamente la llegada de fugitivos del III Reich, mostrándose indiferentes ante la persecución nazi.

La realidad se decantó a favor de los aliados, cuyos aviones utilizaron el llamado corredor Bundoran, un pasillo aéreo de 20 millas en el que se dio un notable tráfico en busca de buques y submarinos alemanes. Los vuelos militares fueron considerados como ordinarios y los aviadores británicos que caían en su territorio quedaban en libertad para cruzar la frontera y regresar al combate. En cambio, los vuelos alemanes se trataban como operativos y se internaba a las tripulaciones

EL SENTIMIENTO ANTIBRITÁNICO de los separatistas irlandeses movió al primer ministro E. de Valera, en la imagen pasando revista a la Guardia de Honor, a declararse neutral.

derribadas. La situación se complicó con la entrada de Estados Unidos en la guerra y el establecimiento de sus unidades aéreas en Gran Bretaña. El número de tripulaciones caídas en Irlanda aumentó sensiblemente y las autoridades facilitaron su huida.

Las simpatías hacia los aliados fueron evidentes desde 1944. Los irlandeses facilitaron informes meteorológicos sobre las condiciones del Atlántico y, posteriormente, para los preparativos del día D.

Frente a ello, con ocasión de la muerte de Hitler, el primer ministro De Valera visitó al embajador alemán para expresarle sus condolencias y, cuando fue criticado en todo el mundo, respondió que se había tratado de un acto de cortesía formal y de simpatía personal hacia el embajador Eduard Hempel. Posteriormente, también fue criticado por ayudar a algunos criminales de guerra nazis. [G.C.]

propia. La alternativa optaba por preparar una flota potente de superficie combinada con otra más pequeña de submarinos, siguiendo el modelo que había tenido la *Kaiserliche Marine* y seguía la *Royal Navy*. Finalmente, se decidió por un programa de construcciones navales muy ambicioso, destinado a contar con una gran flota de superficie y menos sumergibles.

El plan Z: a por la 'Royal Navy'

Raeder ordenó preparar el proyecto de escuadra que sería conocido como plan Z, con un presupuesto de 33.000 millones de marcos alemanes. Se desplegaría en dos etapas, la primera hasta 1942 y la segunda hasta 1946. En la fase inicial se construiría una flota bastante potente para molestar y desbaratar las rutas navales de Gran Bretaña, que importaba unas 100.000 t de alimentos, exportaba más de 30.000 t de productos diversos y tenía navegando en los mares de todo el mundo unos 2.000 mercantes. En la segunda y definitiva fase se construiría una gran escuadra, que sumada a los buques ya en servicio podría enfrentarse de igual a igual con la *Royal Navy*.

El plan adolecía de una visión muy conservadora de los almirantes alemanes, que miraban al pasado y subvaloraban la importancia de la aviación naval, primando a los acorazados sobre los portaaviones. El defecto era tan grave que, si llegaba a construirse esta nueva y poderosa escuadra, nunca podría medirse con la británica que, en 1939, contaba ya con 12 portaaviones sumando las unidades en servicio o en construcción.

Aunque muchos no quisieran creerlo, los acorazados estaban pasados de moda y sus cañones a punto de ser sobrepasados por los aviones. Pero Alemania insistió en sus nuevos acorazados, de brillante tecnología, destacándose la clase Bismarck, con un desplazamiento a plena carga de más de 50.000 t y ocho cañones de 381 mm, superiores a las modernas piezas británicas de 356 mm de la clase King George V. Construido en los astilleros Blohm Voss de Hamburgo, el *Bismarck* mejoró a los buques de la clase Scharnhorst. Fue botado en 1939, entró en servicio el 24 de agosto de 1940, completó sus pruebas a finales de año y fue, durante algún tiempo, el mejor acorazado del mundo.

PABELLÓN DE POPA de los buques de la armada británica, la 'Royal Navy'.

La guerra impone su ritmo

El plan Z comenzó a realizarse el 29 de enero de 1939, poniendo en grada la quilla de dos acorazados. El 1 de septiembre de 1939, el comodoro Karl Dönitz, jefe del arma submarina, tenía 18 sumergibles en operaciones y envió al alto mando de la *Kriegsmarine* un memorándum subrayando el insuficiente desarrollo de los medios a su mando. Cuando todavía no había tenido respuesta, el 3 recibió un despacho: "Inglaterra ha declarado la guerra".

Aquel mismo día se reunieron el almirante Erich Raeder, el almirante en jefe, Schniewind, el jefe del estado mayor general, almirante Fricke, el jefe de la sección de operaciones, capitán de fragata Wagner, el jefe del tercer negociado y el capitán de fragata Schulte-Mönting, jefe del estado mayor especial de Erich Raeder. Se dio por bueno el diagnóstico de Raeder: "No podemos soñar con presentar batalla a la flota británica para aniquilarla. Nuestra única oportunidad reside en el ataque de las comunicaciones comerciales del enemigo, para lo cual los submarinos constituyen nuestra arma más eficaz. En consecuencia, tenemos necesidad de submarinos y más submarinos".

Todos los antiguos planes se fueron al garete, porque no contaban con suficientes recursos y las necesidades de la guerra eran inmediatas. El plan Z fue suspendido, respetando únicamente la construcción de los barcos grandes a punto de acabar. Todos los esfuerzos se volcaron en los submarinos, únicos capaces de causar graves perturbaciones al comercio británico. Los materiales y recursos que estaban destinados a los nuevos barcos fueron desviados hacia la producción masiva de sumergibles. Se proyectó construir 29 unidades mensuales, pero la escasez de materias primas redujo la previsión y en el período de tiempo que medió entre el ataque contra Polonia y la invasión de Francia, sólo se entregaron 42 submarinos, cuatro por mes. Aunque la guerra no hubiera comenzado, también habría sido discutible el futuro del plan Z, cuya magnitud hacía imposible ocultarlo a las demás naciones, y Gran Bretaña no habría estado dispuesta a permitirlo.

EN UN ASTILLERO ALEMÁN, unos obreros posan en el interior de los tubos lanzatorpedos de proa de un submarino en construcción, lo que da idea de su enorme tamaño.

LA LEYENDA DEL 'BISMARCK'

En la batalla del estrecho de Dinamarca, el 24 de mayo de 1941, el acorazado más potente del mundo hundió en pocos minutos el crucero 'Hood', orgullo de la 'Royal Navy'. La afrenta no quedó sin respuesta y la caza del navío alemán se convirtió en una cuestión nacional. Tres días más tarde el 'Bismarck' era hundido.

HMS *Hood*

Desplazamiento: **46.000 t**
Armamento:
8 cañones de 381 mm
12 cañones de 140 mm
14 cañones de 102 mm
Blindaje: **cintura 305 mm**
cubierta máximo: 40 + 40 mm
torres máximo: 381 mm
Velocidad: **31 nudos**
Autonomía: **7.500 millas**

Swordfish

Dotación: **3 hombres**
Armamento: **1 torpedo de 456 mm**
Velocidad: **220 km/h**
Autonomía: **880 km**

Cronología

14 de febrero de 1939
Botadura del *Bismarck*

24 de agosto de 1940
Bismarck completado

14 de septiembre de 1940
Bismarck sale de Hamburgo

19 de mayo de 1941
Comienzo de *Rheinübung*. *Bismarck* y *Prinz Eugen* salen al Atlántico

21 de mayo
Bismarck y *Prinz Eugen* entran en Korsfjord

24 de mayo
Batalla del estrecho de Dinamarca: (05:46 h-06:13 h) *Hood* hundido y *Prince of Wales* averiado. Churchill ordena: "Hundid el *Bismarck*". Sale la Fuerza H de Gibraltar y la flota Metropolitana de Scapa Flow

Noche del 24 de mayo
Un Swordfish del *Victorious* alcanza con un torpedo al *Bismarck*, que resulta indemne

25 de mayo
Se pierde el rastro del *Bismarck*. El *Prinz Eugen* se ha separado del acorazado sin ser detectado

26 de mayo
Un Catalina localiza al *Bismarck* averiado por torpedos lanzados por Swordfish con base en el *Ark Royal*. El *Bismarck* es incapaz de maniobrar, al resultar dañado el timón

27 de mayo
10:36 h El *King George V*, *Nelson*, *Dorsethire* y varios destructores hunden al *Bismarck*.

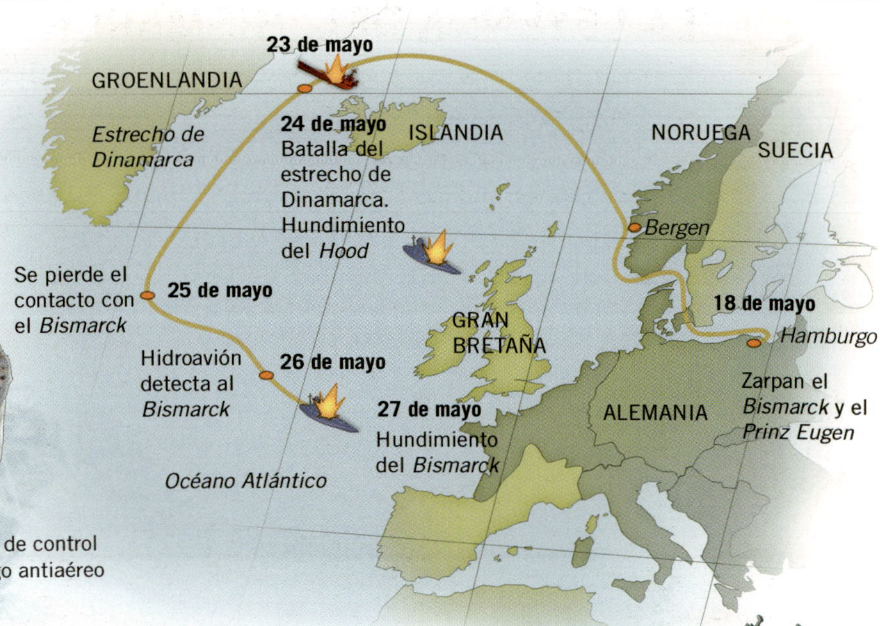

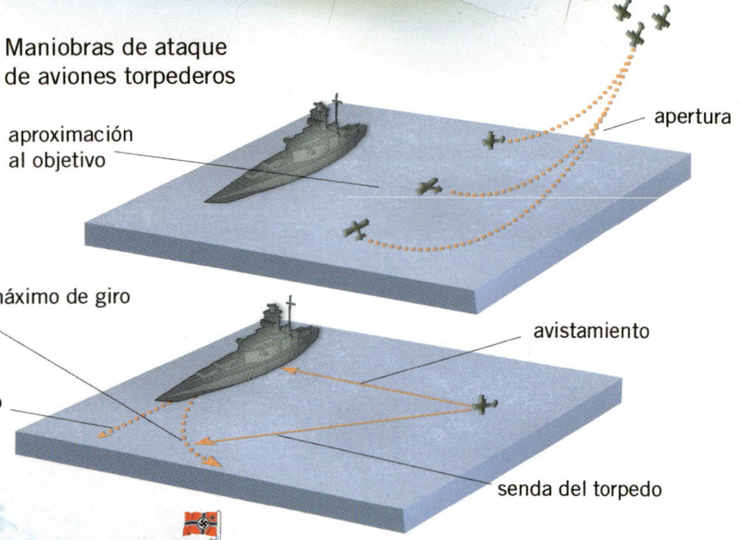

Bismarck
Desplazamiento: **51.000 t**
Armamento:
8 cañones de 381 mm
12 cañones de 150 mm
16 cañones de 105 mm
Blindaje:
cintura 320 mm
cubierta: 80 + 50 mm
torres máximo: 360 mm
Velocidad: **30,5 nudos**
Autonomía: **8.500 millas**

| 1891-1980 |

KARL DÖNITZ, EL JEFE DE LOS 'LOBOS'

Al principio de la guerra, la eficacia de los submarinos fue tal que Churchill los consideró como la principal amenaza alemana. El responsable de su desarrollo, su construcción, casi 1.000 a lo largo de la contienda, y su uso fue el almirante Dönitz.

"Está prohibido el salvamento de los navíos echados a pique, recoger a los náufragos o distribuir víveres y agua potable. Porque el salvamento es contrario a las exigencias más elementales en el mar."

Quien imparte esta terrible orden en septiembre de 1942 es el jefe del arma submarina del III Reich, el almirante Karl Dönitz. Hasta ese momento, en la guerra en el mar, lo mismo que en el aire, había existido cierto código caballeresco que establecía no ensañarse con los vencidos, lo que en el mar suponía auxiliar a los náufragos. Sin embargo, tras el hundimiento del buque británico *Laconia*, el 12 de septiembre de 1942, que llevaba a bordo sobre todo a prisioneros italianos, y en medio de las tareas de salvamento, el submarino U-156 fue atacado por aviones norteamericanos. A partir de entonces la guerra total también se haría en el mar.

Dönitz, berlinés nacido en 1891, combatió en la Primera Guerra Mundial en aguas del mar Negro y en 1916 pasó a servir en el arma submarina. Acaba la guerra prisionero de los británicos y, una vez liberado, prosigue su carrera naval. Convencido nazi, en 1935 recibe el mando de una flota de submarinos, siendo al año siguiente nombrado jefe de toda la flota de sumergibles. Ya antes de iniciarse la guerra tuvo la claridad de que, ni por geografía, tradición ni recursos, Alemania podía competir con Gran Bretaña en navíos de superficie, cuya armada era mucho más numerosa y potente. Insistió, por ello en que la columna vertebral de la marina había de ser los submarinos, que fuesen capaces de interrumpir los transportes por el Atlántico; estimaba que su número había de alcanzar los 300 sumergibles. Ello le distanció un tanto del criterio más tradicional del gran almirante Raeder, jefe de la *Kriegsmarine*.

Al inicio de las hostilidades sólo había 50 submarinos útiles. Enseguida se vio que la marina de superficie, comenzando por el orgulloso y flamante acorazado *Bismarck*, poco podía hacer. Hitler hizo entonces caso a Dönitz y activó la construcción de sumergibles. A partir de 1941 comenzaron a torpedear todas las líneas de abastecimiento que surcaban el Atlántico, causando graves daños a los buques mercantes que llevaban suministros a los británicos, provocando miles de muertos y millones de toneladas de hundimientos. Ideó lo que gráficamente llamaba "ataque de manada de lobos", lo que significaba que cuando un sumergible detectaba un convoy comunicaba su posición a otros submarinos y todos juntos acechaban en grupo a sus presas y les perseguían hasta que consideraban el momento de torpedearles.

Sin embargo, a partir de 1942, la suerte de la guerra cambió. La entrada en la contienda de Estados Unidos con el consiguiente aumento de barcos de escolta y sistemas de detección antisubmarina, así como el desciframiento de la máquina criptográfica Enigma, fueron provocando pérdidas crecientes entre los sumergibles alemanes, al tiempo que reducían los hundimientos aliados.

Las críticas de Raeder a la política de Hitler provocaron que fuese relevado del mando. En enero de 1943 Dönitz fue ascendido a gran almirante y a jefe supremo de la armada. En ese año morirá su hijo Peter a bordo de un submarino. Su otro hijo, Klaus, le seguirá al año siguiente cuando iba en una lancha torpedera. Sólo sostenido por su lealtad política hacia el *Führer*, contempla la decadencia progresiva de la marina. Hacia el final de la guerra, y viendo que es de los pocos que aún le guarda fidelidad, Hitler le nombra heredero político y jefe del

KARL DÖNITZ FUE EL ALMA MATER del arma submarina alemana. Creó los temibles ataques en 'rudel' o 'manadas de lobos' y a punto estuvo de derrotar al Reino Unido. Sucedería a Erich Raeder como comandante en jefe de la 'Kriegsmarine'. Dönitz, en el centro, revisa unos mapas en 1943.

estado alemán, cargo que desempeña nominalmente durante unos veintitrés días. Durante ese período de tiempo trata de mantener alta la moral de la población, negociar una paz con los británicos y americanos y seguir la guerra contra los soviéticos. Obviamente los primeros se niegan y al no lograrlo autoriza al general Jodl a firmar, el 7 de mayo, la rendición incondicional acabando la guerra oficialmente al día siguiente, cosa que comunica solemnemente por radio. Seguidamente se retiró cerca de la frontera danesa, siguiendo con el espejismo de ser jefe de Estado, ordenando el traslado y la reubicación de las destrozadas unidades que aún quedaban bajo su mando. Es de destacar que en esos días de descomposición política y militar, y mientras los aliados procedían a la ocupación de Alemania, siguió ordenando fusilar a desertores o a soldados amotinados, prolongando inútilmente el sufrimiento y la muerte de miles de soldados alemanes.

Por fin, el 23 de mayo fue requerido, él y su gabinete, a presentarse ante las autoridades aliadas a bordo de un buque. A él subieron sin ningún tipo de honores y se les comunicó que estaban detenidos. Fue juzgado en Nuremberg acusado de crímenes de guerra y de crímenes contra la paz, y aunque su abogado probó que el almirante Nimitz ordenó similares medidas a las que él había redactado a raíz del buque *Laconia*, fue condenado a 10 años de prisión. Salió en 1956 y pasó a vivir cerca de Hamburgo, en donde escribió sus memorias, muriendo en 1980. El gobierno alemán prohibió que los oficiales acudiesen a su entierro con uniforme. [J.C.L.]

CAPÍTULO 01

EL RENACIMIENTO DE LA MARINA DE GUERRA ALEMANA

La armada imperial alemana, la 'Kaiserliche Marine', había perecido con honor en Scapa Flow, el fondeadero de las islas Orcadas, el 21 de junio de 1919, dejando un legado de gloria, fruto de su cruenta lucha contra la armada real británica durante la Gran Guerra.

Tras la Primera Guerra Mundial, Alemania vio su poder naval reducido a la época de los pre-*dreadnought*, nombre que se le daba a los acorazados típicos de finales del siglo XIX. Pero bien pronto los políticos y diseñadores alemanes se pusieron manos a la obra para burlar el tratado de Versalles. Cuando llegó la hora de sustituir uno de los viejos acorazados, en 1926, el diseño que se eligió resultaría un arma revolucionaria. Con un desplazamiento de 11.700 t, armado con seis piezas de 28 cm, un casco soldado eléctricamente y una velocidad máxima de 26 nudos, el *Deutschland*, oficialmente clasificado como *Panzerschiff*, y extraoficialmente como "acorazado de bolsillo", podía escapar de cualquier acorazado contemporáneo y destrozar cualquier crucero. La enorme autonomía que le proporcionaban sus motores diésel de 19.000 millas lo convertían en un arma letal para el tráfico marítimo.

EL VIEJO ACORAZADO 'SCHLESWIG HOLSTEIN', una unidad pre-'dreadnought', totalmente obsoleta en 1930, pero que realizó los primeros disparos de la guerra.

Y ésa era, en realidad, la misión para la que fue diseñado: atacar el tráfico marítimo enemigo a la manera de los corsarios. Sólo los cruceros de batalla británicos más rápidos, como el *Hood* y el *Repulse*, podrían interceptarlo y destruirlo. Pronto sería seguido por sus gemelos *Admiral Scheer* y *Admiral Graf Spee*.

A continuación se botarían dos buques mucho más poderosos, artillados con nueve piezas de 28 cm, una protección muy superior, una velocidad máxima de 32 nudos y un desplazamiento de 32.000 t, el *Scharnhorst* y el *Gneisenau*, nombres que evocaban los tiempos de gloria de la armada imperial.

Finalmente, en 1936, se comenzó a trabajar en los que se convertirían en los acorazados más poderosos del mundo hasta la aparición del *Yamato* japonés, el *Bismarck* y el *Tirpitz*. Un año después, se botaban los primeros cruceros pesados de la clase Hipper, además de más destructores y cruceros ligeros. Pero el comienzo de la guerra en septiembre de 1939 cogió a la *Kriegsmarine*

| SUBMARINO |

U-BOOT TIPO II

A pesar de sus características, un tanto mediocres por su diminuto tamaño, los submarinos tipo II obtuvieron algunos éxitos resonantes al principio de la guerra. **Desplazamiento (superf./sumerg.):** 250/300 t. **Dotación:** 25. **V. máx. (superf./sumerg.):** 13/7 nudos. **Armamento:** 3 tubos lanzatorpedos de 533 mm y 1 cañón de 20 mm.

demasiado pronto, en relación a los planes que tenía para enfrentarse a Gran Bretaña. Tendría que limitarse a atacar el tráfico enemigo, evitando, en la medida de lo posible, las batallas navales. A lo largo de la Segunda Guerra Mundial, la marina germana, tanto por medio de sus grandes unidades de superficie como de los buques corsarios y, sobre todo, de los submarinos, se dedicaría a intentar estrangular al Reino Unido aislándolo por mar, luchando en inferioridad de condiciones contra la todopoderosa *Royal Navy*.

El 21 de agosto de 1939, el *Graf Spee*, al mando del oficial Hans Langsdorff, partía de Wilhelmshaven, seguido, tres días después, por el *Deutschland*, así como por dos petroleros con la misión de abastecer en alta mar a estos buques corsarios. Su misión consistía en atacar el tráfico mercante enemigo y, consiguientemente, desequilibrar a las flotas aliadas, que se verían obligadas a destacar a una gran cantidad de efectivos para intentar interceptar a los corsarios, descuidando otras labores.

Tras pasar las tres primeras semanas de la guerra sin permiso de Hitler para comenzar a atacar al tráfico mercante, por fin, el 30 de septiembre, el *Graf Spee* hundió su primera víctima, el mercante británico *Clements*, en aguas del Atlántico, frente a Pernambuco. Fue el comienzo de una carrera en la que el *Graf Spee*, a lo largo de miles de millas, hundió nueve mercantes, con un total de 50.000 t, entre el Atlántico Sur y el Índico. En todos los casos, la dotación era evacuada antes de hundir el buque, y, caso de ser llevada a bordo del acorazado de bolsillo, eran transferidos, en cuanto era

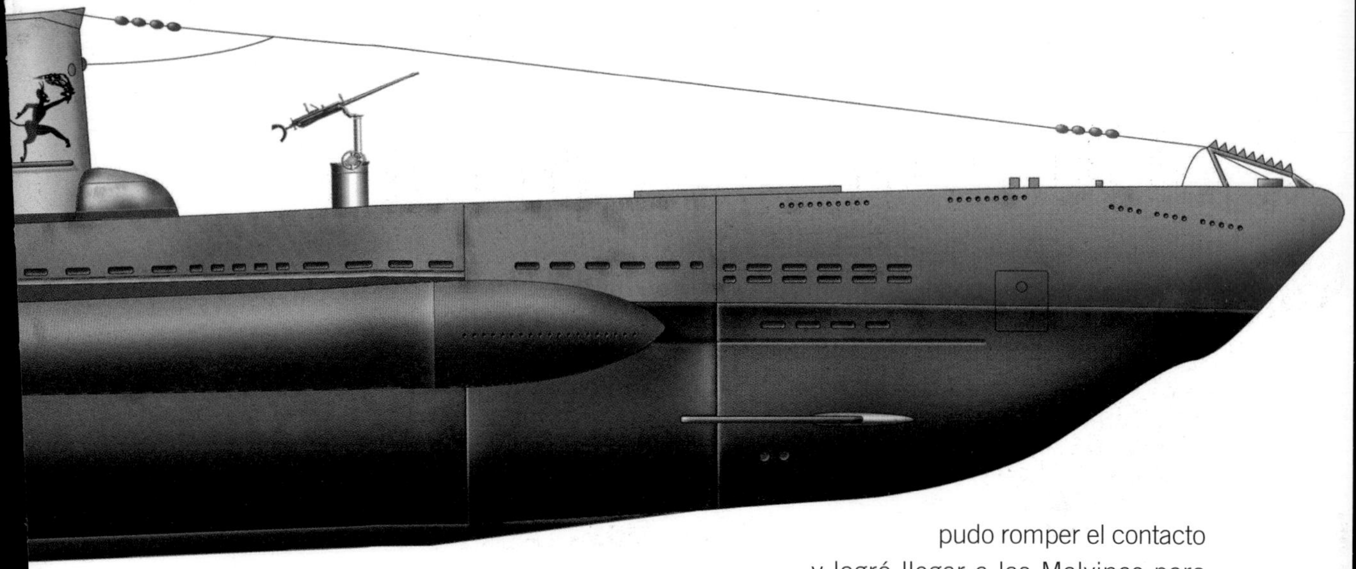

posible, al *Altmark*, su petrolero de apoyo. Pero, al atardecer del 13 de diciembre, los buques del comodoro Harwood (crucero pesado *Exeter*, con seis cañones de 20 cm, y cruceros ligeros *Ajax* y *Achilles* con cañones de 15 cm), localizaban al buque germano a la altura del Río de la Plata, y comenzaba un combate épico.

Langsdorff tomó a los británicos inicialmente por la escolta de un convoy y se acercó demasiado. Cuando fue consciente de la situación, el enemigo se había separado en dos divisiones, dejando al *Exeter* en solitario. El *Graf Spee* concentró el fuego de una de sus torres de artillería sobre el crucero pesado y el de la otra sobre los dos ligeros. El *Exeter* recibió siete impactos directos de 28 cm, que lo dejaron desmantelado, con graves averías y numerosas bajas, pero el capitán Langsdorff no pudo rematarlo debido a la presencia de los cruceros ligeros, que no cesaban de disparar, con creciente precisión, cerrando distancias. El destrozado *Exeter*, finalmente, pudo romper el contacto y logró llegar a las Malvinas para efectuar reparaciones elementales, aunque estaba tan dañado que se pensó en desguazarlo (no se hizo principalmente por razones propagandísticas, pero tardaría más de un año en volver al servicio).

El *Ajax* también sufrió graves averías pero, ya a corta distancia, sus piezas de 15 cm podían causar daños en el *Graf Spee*. El acorazado de bolsillo recibiría un total de 17 impactos de 15 cm y dos de 20 cm. Con 37 muertos a bordo, varios agujeros en el casco, puente y superestructuras, pero con toda su capacidad de combate indemne, decidió retirarse hacia Montevideo, puerto neutral donde, según la legislación internacional, podía permanecer hasta 72 horas, antes de ser internado, para realizar reparaciones de urgencia.

Comenzó una intensa campaña diplomática por ambos bandos, y de decepción por parte británica, para convencer a los alemanes de que una poderosa flota se estaba reuniendo en la entrada del Río de la Plata.

CONVOY ALIADO EN EL ATLÁNTICO NORTE. Tras la experiencia de la Gran Guerra, los británicos no tardaron en adoptar el sistema de convoyes para proteger sus navíos.

Sea como fuere, a pesar de que el *Graf Spee* podía, fríamente, salir a alta mar y acabar con sus enemigos, Langsdorff, conmocionado por la pérdida de sus 37 tripulantes, y, probablemente, afectado por una herida en la cabeza que había sufrido durante el combate, decidió hundir la nave en la entrada del puerto. Tres días después, se suicidaba envuelto en la bandera de la armada imperial.

La campaña del *Graf Spee* había tenido un final trágico. Había comenzado bien, y sentó un precedente inigualable, con respecto al trato de los prisioneros, pero nueve buques no compensaban la pérdida de uno de los tres acorazados de bolsillo alemanes. Era una muestra de la potencia naval del Reino Unido y del patrón que podrían tener los combates de superficie. Pero una nueva amenaza se cernía sobre el tráfico mercante aliado, una amenaza contra la que la *Royal Navy* no estaba preparada, y que le causaría grandes disgustos durante largos meses.

LA BATALLA DEL RÍO DE LA PLATA: ENFRENTAMIENTO NAVAL EN AMÉRICA DEL SUR

Tras una exitosa travesía en la que sembró el caos en el tráfico mercante aliado, el acorazado de bolsillo 'Graf Spee' se enfrentó a tres cruceros británicos. A raíz de sus múltiples daños, su capitán, Hans Wilhelm Langsdorff, decidió hundirlo en la desembocadura del Río de la Plata.

Graf Spee
Desplazamiento: **15.000 t**
Armamento: **6 cañones de 280 mm**
8 cañones de 150 mm
6 cañones de 88 mm
Blindaje: **cintura: 100 mm**
torres: 150 mm
Velocidad: **26 nudos**

Escudo naval del *Graf Spee*

Ajax* y *Achilles
Desplazamiento: **9.000 t**
Armamento: **8 cañones de 152 mm**
4 cañones de 102 mm
Blindaje: **máximo de 76 mm**
Velocidad: **32,5 nudos**

El *Ajax* y el *Achilles* pudieron cerrar distancias, aunque con averías.

Exeter
Desplazamiento: **10.500 t**
Armamento: **6 cañones de 203 mm**
4 cañones de 102 mm
Blindaje: **cintura: 76 mm**
pañoles: 100 mm
Velocidad: **32 nudos**

El *Graf Spee*, tras sufrir varios impactos que no causaron daños graves, decidió romper el contacto y dirigirse a Montevideo.
Langsdorff no supo ver cuándo tenía el combate ganado.

El *Exeter*, alcanzado por siete impactos directos, resultó gravemente averiado y quedó fuera de combate.

El *Graf Spee* fue interceptado por una flotilla inglesa en el Río de la Plata

Langsdorff desconocía las averías de sus adversarios

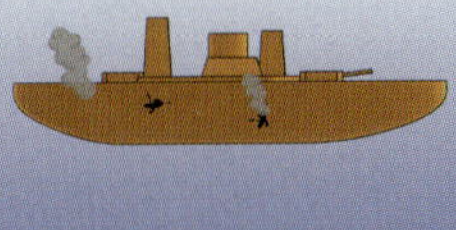

Montevideo le prohibió permanecer y reparar allí el *Graf Spee*

Langsdorff se quitó la vida. Sus hombres se internaron en Argentina

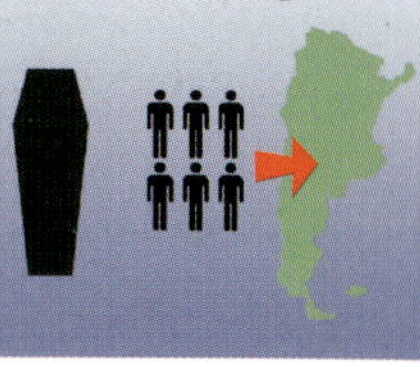

CAPÍTULO 02

EL PLAN RHEINÜBUNG Y LA LEYENDA DEL 'BISMARCK'

Cuando, en marzo de 1940, el almirante alemán Günther Lütjens entró en el puerto francés de Brest con el 'Scharnhorst' y el 'Gneisenau', tras una exitosa campaña contra el tráfico mercante aliado, comenzó a tomar forma el plan que se conocería como operación Rheinübung.

El plan Rheinübung consistía esencialmente en hacer entrar a ambos buques en el Atlántico por el sur, mientras el *Prinz Eugen* y el recién entrado en servicio *Bismarck* lo hacían por el norte, lo que obligaría a la *Royal Navy* a abandonar la escolta de sus convoyes para afrontar tal amenaza. Ello pondría en bandeja a la *Kriegsmarine* múltiples blancos indefensos.

Pero los británicos iniciaron una intensa campaña de bombardeo destinada a inutilizar los dos buques mientras se encontraban en el puerto de Brest, y, tras varios costosos ataques, lograron averiar al *Gneisenau*, que debería pasar ocho meses en reparaciones para volver a estar operativo. De todas formas, Raeder decidió lanzar la operación con sólo el nuevo acorazado y el crucero pesado que, por sí solos, constituían una agrupación formidable. El *Bismarck* podría atraer a las grandes unidades de superficie británicas, dejando el camino expedito al crucero pesado para atacar al tráfico mercante.

El 19 de mayo de 1940, el *Bismarck* y el *Prinz Eugen* salían de Gdynia, con el almirante Lütjens al mando, para romper el bloqueo y penetrar en el Atlántico Norte. Tres días después la aviación británica los localizó en el interior de un fiordo en la costa noruega, y los británicos pusieron en marcha una vasta operación para interceptar y destruir al enemigo antes de que lograra su propósito. El almirante británico Tovey envió hacia Islandia una flota formada por el crucero de batalla *Hood* (al mando del vicealmirante Lancelot Holland), el recién incorporado acorazado *Prince of Wales* (aún llevaba a operarios civiles a bordo, para terminar de alistarlo) y seis destructores.

El estrecho de Dinamarca estaba patrullado por los cruceros pesados *Suffolk* y *Norfolk* y en el fondeadero escocés de Scapa Flow permanecía el propio Tovey con el acorazado *King George V*, cinco cruceros y cinco destructores. El *Repulse* y el también

EL HMS 'HOOD' VISTO DESDE EL HMS 'PRINCE OF WALES' poco antes de la batalla del estrecho de Dinamarca. Resultaría hundido a los pocos minutos de comenzado el combate.

crucero de batalla *Renown*, así como el portaaviones *Victorious,* se encaminaban también hacia el norte, con la esperanza de converger sobre las unidades alemanas en cuanto fueran detectadas en su intento de penetrar en el Atlántico.

En la tarde del 23 de mayo, en medio de un fuerte temporal, el *Suffolk* detectó a los barcos alemanes en el estrecho de Dinamarca y comenzó la caza. Las unidades británicas más cercanas eran el *Hood* y el *Prince of Wales*, que se acercaron sin esperar a otras unidades, temeroso Holland de que Lütjens pudiese forzar el bloqueo y penetrar en el Atlántico, donde sería muy difícil interceptarlo. Lo que sucedió a continuación ya es leyenda.

Poco después de las cinco de la mañana del día 24, los buques de Holland cerraron distancias sobre los alemanes y, desde casi 23 km de distancia, el *Hood* abrió fuego contra el *Prinz Eugen*, al que confundió con el *Bismarck*. Pocos minutos después contestaron los alemanes con notable precisión. La segunda salva del *Prinz Eugen* logró un impacto que causó un incendio en el *Hood*, y el *Bismarck* lo ahorquilló ya a la tercera salva. Poco después de las seis, la quinta salva del *Bismarck* logró, al menos, un impacto directo, cerca de las torres popeles. El proyectil perforó la delgada coraza horizontal del crucero de batalla, que no había llegado a ser reforzada, a pesar de los proyectos al respecto, y alcanzó uno de los pañoles de munición de 381 mm.

Hood estalló y se partió en dos, salvándose sólo tres hombres de su dotación. El *Prince of Wales* con-

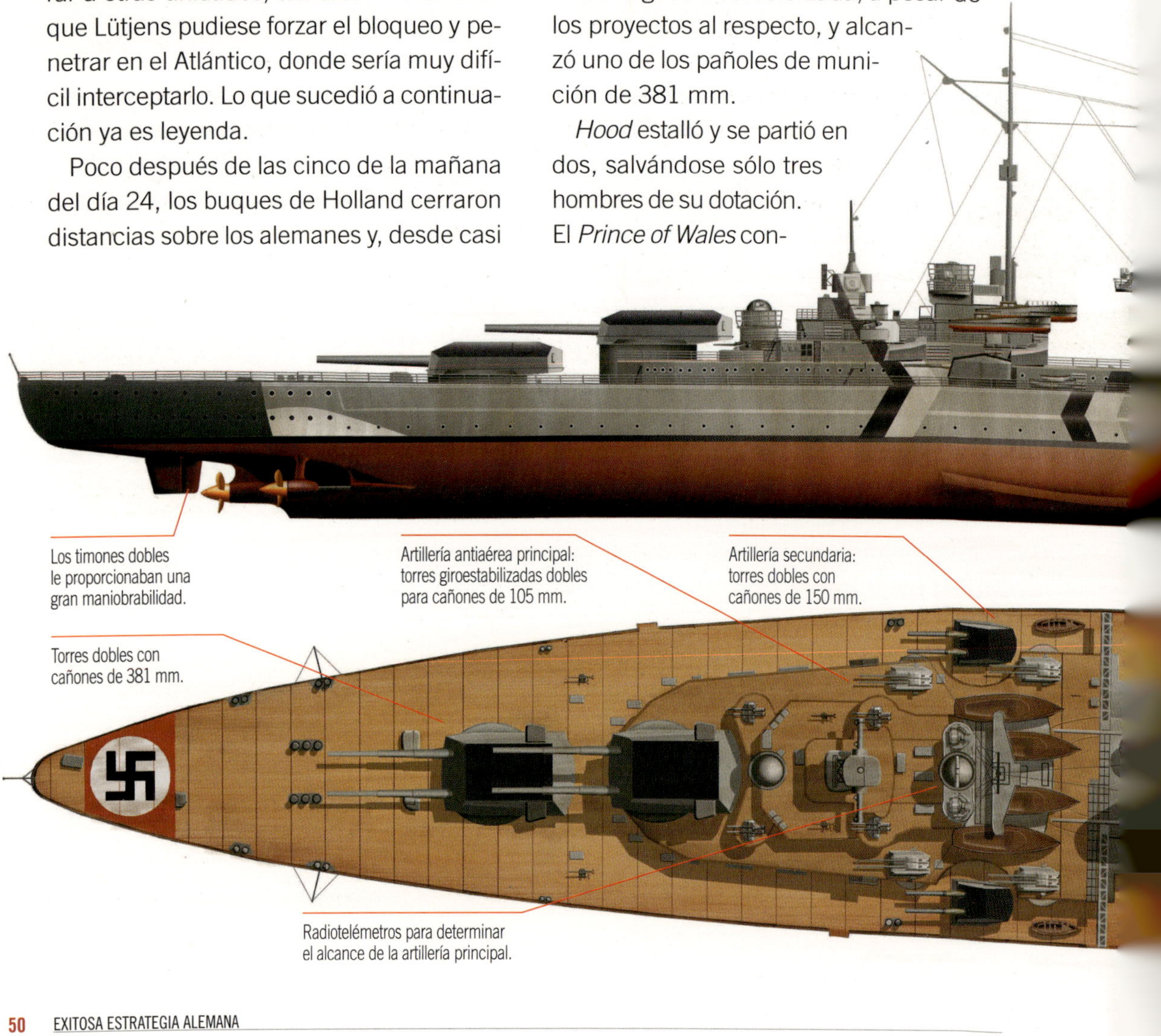

tinuó solo el combate durante varios minutos, recibiendo cuatro impactos directos del *Bismarck* y tres del *Prinz Eugen*, retirándose a continuación con graves averías.

El *Bismarck* había sufrido tres impactos que le causaron daños muy leves, aunque uno de ellos había provocado una fuga de combustible, lo cual, unido a la evidencia de que la flota británica estaba dándole caza, hizo a Lütjens tomar la decisión de dirigirse a Brest, separándose del *Prinz Eugen*. Comenzó una caza sin precedentes por parte de la *Royal Navy*, en la que se sucedieron varios ataques aéreos infructuosos hasta que, en el último momento, un biplano Swordfish procedente del portaaviones *Ark Royal* (que se aproximaba a toda máquina desde Gibraltar) logró averiar el *Bismarck*, inutilizando su timón, de tal forma que quedó navegando en círculos, inerme.

En la mañana del día 27, los acorazados *Rodney* y *King George V*, junto con varios cruceros y destructores, se aproximaron al acorazado alemán, comenzando un desigual combate que acabó dos horas después, con el *Bismarck* ardiendo por los cuatro costados, pero aún devolviendo el fuego. Alcanzado por varios torpedos, se hundió a las 10:36 h, con la bandera al viento. Murieron unos 2.200 hombres de su dotación, incluido su comandante, Lindemann, y el almirante, Lütjens.

| NAVÍO |

ACORAZADO 'BISMARCK'

Era uno de los acorazados más poderosos del mundo en 1941. Muy bien armado y blindado, con gran autonomía y maniobrabilidad, superaba a cualquier otra nave aliada. **Dotación:** 2.100 hombres. **Eslora:** 248 m. **Manga:** 36 m. **Velocidad:** 30,5 nudos. **Armamento:** 8 cañones de 381 mm, 12 de 150 mm, 16 de 105 mm AA y 4 hidroaviones.

El camuflaje en bandas negras y blancas sería utilizado únicamente para la navegación por el Báltico.

La cintura acorazada cubría una gran parte de la eslora de la nave.

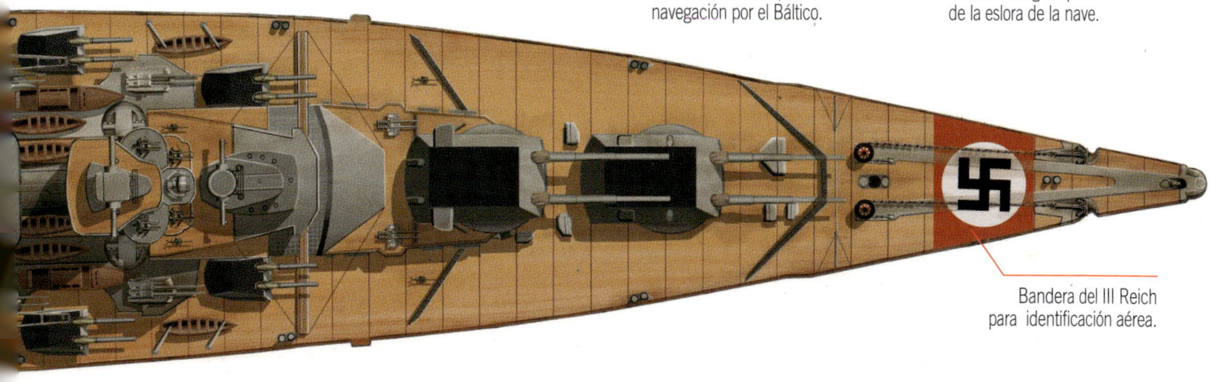

Bandera del III Reich para identificación aérea.

BATALLA DEL ESTRECHO DE DINAMARCA: El 'Bismarck', visto desde el 'Prinz Eugen', dispara una salva contra el 'Hood' en los primeros momentos del combate.

El *Hood* había sido vengado a las 72 horas de su dramático hundimiento.

Con el fin de apoyar a las grandes unidades de superficie en la guerra al tráfico marítimo, la *Kriegsmarine* puso en servicio a un cierto número de corsarios mercantes, en esencia naves mercantes dotadas con un poderoso armamento, de hasta ocho piezas de 15 cm, cañones automáticos, minas y tubos lanzatorpedos que, utilizando el enmascaramiento, se aproximarían a sus presas (buques mercantes navegando en solitario) y los capturarían o hundirían. Dotados de gran autonomía, podían permanecer en la mar durante largos períodos, y dislocar totalmente el tráfico aliado y, lo que es peor, distraer a un número absolutamente desproporcionado de naves de guerra para seguir su difícil rastro.

El 31 de marzo de 1940 se hizo a la mar el que alcanzaría la mayor fama, el *Atlantis*, al mando de Bernhard Rogge. En un extraordinario crucero de 20 meses de duración, hundiría o apresaría un total de 22 buques, con casi 146.000 t de desplazamiento, antes de caer víctima del crucero HMS *Devonshire*.

El *Pinguin* consiguió hundir 28 buques con 136.000 t, incluida una flotilla de balleneros, antes de ser víctima del crucero HMS *Cornwall*, que no se dejó engañar, en el Índico. El *Orion* "sólo" hundió 58.000 t, pero realizó un crucero de 510 días, regresando a la patria sin incidentes. El *Komet* también logró regresar, tras 15 meses y 43.000 t hundidas.

El *Kormoran*, al mando de Detmers, tras hundir 68.000 t en 11 meses, fue interceptado por el crucero pesado australiano *Sydney* (armado con cañones de 203 mm) que se acercó, imprudentemente, demasiado a su enemigo y resultó destruido por el fuego del corsario, pereciendo toda su dotación, al desaparecer la nave envuelta en llamas. Pero el propio corsario sufrió daños irreparables en el combate de 11 minutos y tuvo que ser abandonado por su dotación, que, en su mayoría, logró alcanzar la costa australiana.

El *Thor*, en diez meses, logró apresar o hundir 83.000 t, incluyendo tres mercantes armados, en realidad auténticos cruceros auxiliares. El *Widder*, por su parte hundió 58.000 t y regresó a Brest sin mayores incidencias.

Seguirían otros buques que no alcanzarían éxitos tan clamorosos, señal de que la

BATALLA DEL ATLÁNTICO I (XI de 1939 a V de 1940)

Se conoce como batalla del Atlántico a la pugna entre la 'Kriegsmarine' y la 'Royal Navy' por el control del Atlántico y de sus rutas mercantes. En una primera fase, la superioridad numérica y técnica británica fue inapelable, pero los submarinos alemanes hundieron una gran cantidad de mercantes aliados.

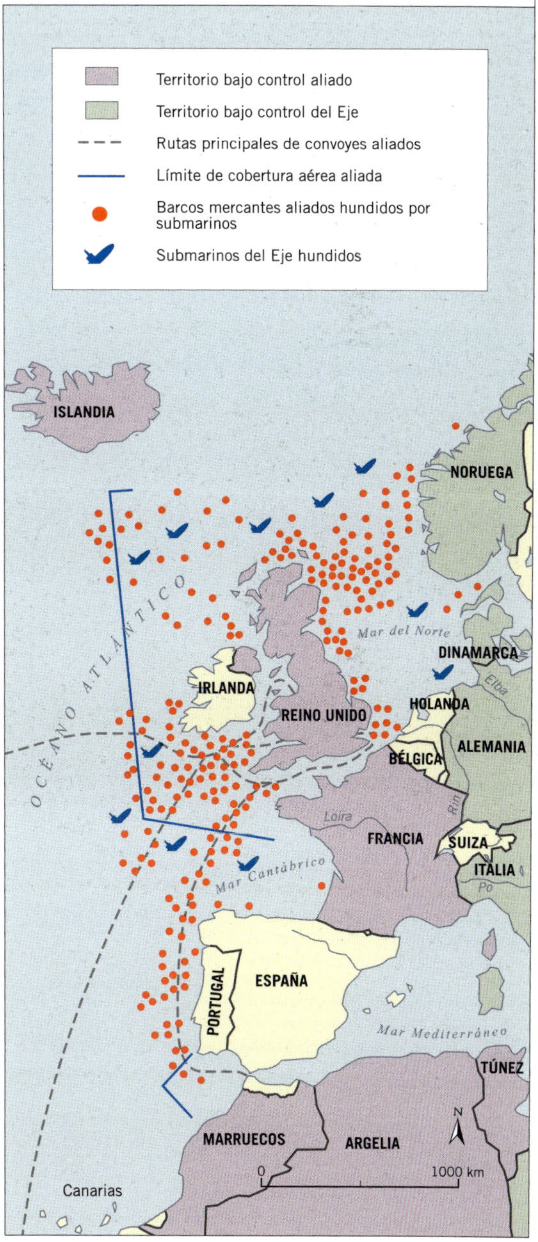

guerra estaba cambiando de signo, pero, en conjunto, los corsarios de superficie alemanes obtuvieron unos resultados totalmente desproporcionados a su entidad y fueron una enorme fuente de quebraderos de cabeza para la *Royal Navy*.

Tras el hundimiento del *Bismarck*, el *Prinz Eugen* pudo llegar a Brest, puerto base de la Francia ocupada, donde se reunió con el *Scharnhorst* y el *Gneisenau*, que habían completado previamente con Lütjens un formidable crucero de dos meses por el Atlántico Norte, en el curso del cual habían hundido más de 100.000 t de buques mercantes, y habían sembrado el caos, eludiendo repetidamente a la *Royal Navy*. En la misma época, Krancke, al mando del *Scheer*, durante un crucero de más de cinco meses de duración, en el curso del cual llegó al Índico, hundió 17 buques con unas 100.000 t de desplazamiento, antes de llegar a la ciudad Noruega de Bergen. Y el *Hipper*, por su parte, tras hundir más de 32.000 t, y con problemas en sus máquinas, también llegó a Brest.

Pero la gran base francesa era un lugar inseguro, debido a la constante presencia de la RAF, que estaba decidida a impedir que los cruceros de batalla y los pesados se hiciesen a la mar para atacar a los convoyes, más aún con el comienzo de la campaña de Rusia, que desplazaría el centro de gravedad de la lucha contra el tráfico marítimo hacia el norte.

A finales de junio, los buques habían sufrido diversas averías debido a los bombardeos, especialmente el *Gneisenau*, y era perentorio sacarlos de allí y enviarlos al mar del Norte. Hitler estaba convencido de la importancia del escenario noruego, sobre todo tras las incursiones de comandos

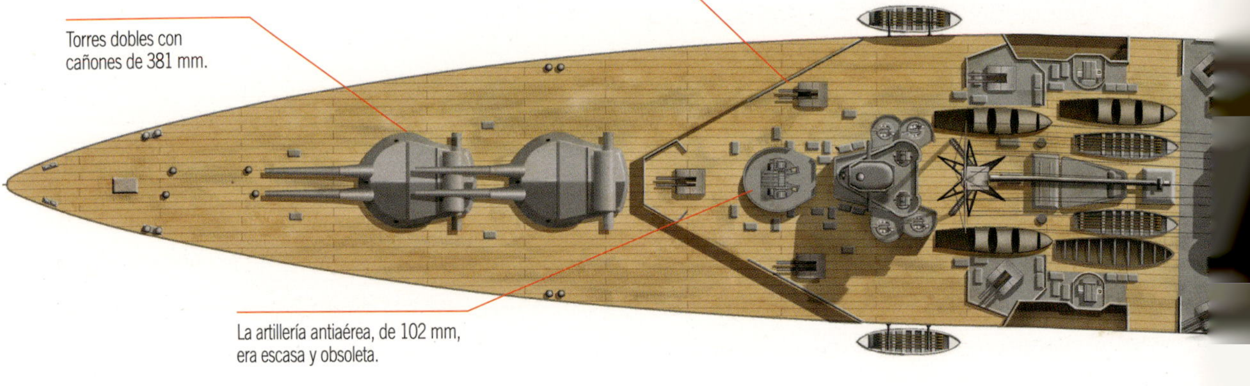

en la costa escandinava, y estaba decidido a que las grandes unidades de superficie se trasladasen a las aguas noruegas, desde donde, además, podrían interceptar los vitales convoyes hacia la Unión Soviética.

Pero, para ello, no quedaba otra opción que atravesar el canal de la Mancha, ante las mismas narices de los ingleses, algo realmente arriesgado e, incluso, temerario, dado el poder de la *Royal Navy* y de la RAF. La operación requeriría de la colaboración total de la *Luftwaffe*, especialmente de los cazas del capitán Adolf Galland. El nuevo comandante de la flota de Brest, Otto Ciliax, se puso a trabajar conjuntamente con el as de aviación para coordinar los movimientos.

El 11 de febrero de 1942, al anochecer, comenzó la operación de regreso, llamada Cerbero. Siete destructores y torpederos encabezaron la columna formada por el *Prinz Eugen*, el *Scharnhorst* y el *Gneisenau*, que salieron de Brest y se lanzaron a toda máquina hacia el Canal. A bordo de los buques iban oficiales de operaciones de la *Luftwaffe*, para coordinar las operaciones de los cazas (250 diurnos y 30 nocturnos), que proporcionarían una formidable cobertura aérea durante toda la operación.

Los británicos fueron totalmente sorprendidos y no se dieron cuenta de la realidad

NAVÍO

CRUCERO DE BATALLA HMS 'HOOD'

Era la nave de mayor porte de la 'Royal Navy' en 1941. Su combate con el 'Bismarck' evidenció que el concepto de crucero de batalla era un compromiso imposible. **Dotación:** 1.400. **Eslora:** 262 m. **Manga:** 31,7 m. **Velocidad:** 31 nudos. **Armamento:** 8 cañones de 381 mm, 12 cañones de 140 mm, 14 AA de 102 mm; 6 tubos lanzatorpedos.

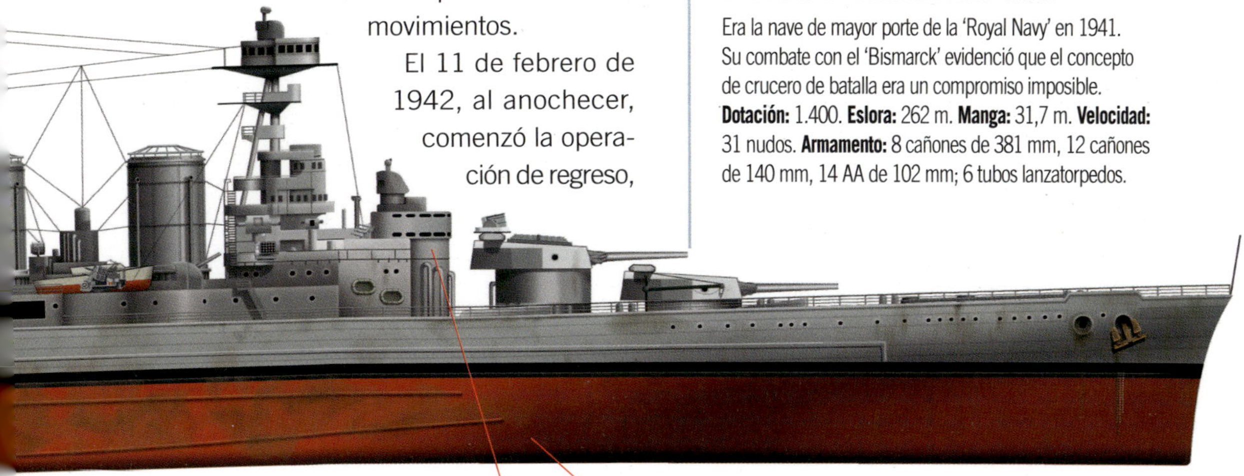

Puente de mando y cofa con los telémetros principales.

La cintura acorazada no cubría toda la eslora aunque tenía un espesor considerable.

La protección horizontal era el talón de Aquiles de la nave, pues era muy débil comparada con la de los acorazados.

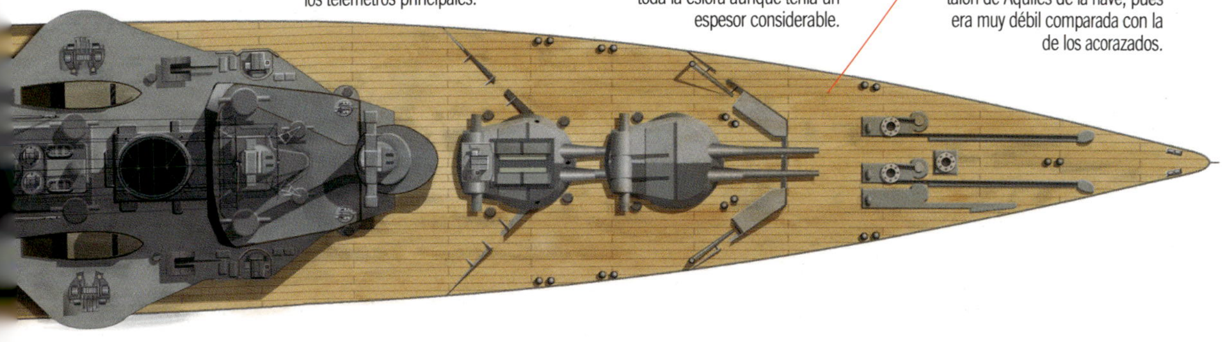

|ANDREW CUNNINGHAM|1883-1963|

COMANDANTE DE LA FUERZA NAVAL ALIADA

Almirante valeroso, severo y competitivo, Cunningham fue la referencia británica en el Mediterráneo y ascendió al puesto de primer lord del Almirantazgo, antes ocupado por Winston Churchill.

Andrew Cunningham nació en 1883 en Dublín, hijo de un profesor de anatomía en la facultad de Medicina. Tras estudiar en Edimburgo, ingresó en la *Royal Navy* en 1897 y participó en la guerra de los bóers. En 1910 tomó el mando del destructor *Vulture* y poco después del *Scorpion*. Salió bien librado de un consejo de guerra por haber colisionado contra un velero, que resultó hundido. Con el mismo barco entró en la Primera Guerra Mundial, mientras se encontraba en el Mediterráneo. Participó en operaciones contra los turcos, y especialmente en la campaña de los Dardanelos. En 1915, recibió la Orden del Servicio Distinguido (DSO), y se ganó una merecida fama de ser un comandante extraordinariamente rígido y severo con sus subordinados, aunque, en el trato personal, era cortés y amable. Acabó la guerra a bordo del destructor *Termagant*, en la patrulla de Dover, distinguiéndose en varios enfrentamientos, en los que demostró gran agresividad.

En 1922 pasó a mandar una flotilla de destructores, y se casó en 1929. Durante ese período, también pasó a mandar el acorazado *Rodney*, hasta 1930. Como comandante era más respetado que querido, despreciaba la rutina y el trabajo administrativo y era enormemente competitivo. En 1932 fue nombrado contraalmirante, y enviado al Mediterráneo, donde se encontraba durante la crisis de Abisinia. Fue ascendido a vicealmirante en 1936, y nombrado segundo comandante de la *Mediterranean Fleet*. En 1939 tomó el mando de la flota e izó su insignia en el acorazado *Warspite*.

Durante la Segunda Guerra Mundial, participó en varios enfrentamientos contra la flota italiana, incluido el primero en el que se utilizaron portaaviones, y fue ascendido a vicealmirante en enero de 1941. Dos meses después, obtenía la sonada victoria de cabo Matapán, en Grecia. Participó en la evacuación de Creta, donde asumió las elevadísimas pérdidas con la frase: "Lleva tres años construir un barco pero 300 construir una tradición. No abandonaremos al ejército".

EL ALMIRANTE CUNNINGHAM tuvo una destacada participación en el Mediterráneo y acabaría como comandante de la flota británica en el Pacífico.

En noviembre de 1942 fue el comandante de la fuerza naval aliada que tomó parte en la operación Torch, los desembarcos en el norte de África y, posteriormente, los desembarcos en Sicilia y Salerno. En octubre fue nombrado primer lord del Almirantazgo, a pesar de la oposición de Churchill. Tras la victoria en Europa, apoyó el envío de una flota británica al Pacífico, a pesar de la oposición del almirante norteamericano King.

Tras la guerra, fue nombrado vizconde en 1946, y su salud comenzó a resentirse de todo el estrés de la contienda. Falleció por problemas cardiovasculares, sin descendencia, en 1963. [R.D.]

hasta pasadas las 10:00 h del día siguiente, cuando los barcos ya encaraban el estrecho de Dover. En la mejor tradición británica, las unidades aéreas, navales y terrestres carecían de coordinación, y comenzaron a intervenir a cuentagotas, con un resultado predecible. Las pérdidas en aviones fueron cuantiosas (incluido el condecorado *Esmonde*, que había encabezado el ataque sobre el *Bismarck*). A pesar de que el *Scharnhorst* chocó con una mina a las 14:30 h, la formación logró mantener la velocidad y rechazar varios ataques llevados a cabo por destructores y aviones Hudson, Swordfish y Beaufort que fracasaron en su intento de torpedear a los buques alemanes. A la altura de las islas Frisias, en la costa danesa, los dos cruceros de batalla chocaron con sendas minas pero lograron, por fin, llegar a su destino en Wilhelmshaven y Brumsbüttel, bases alemanas de la *Kriegsmarine*.

Albión había sido humillada, y la flota alemana podía trasladarse a Noruega, pero, pocos días después, durante un bombardeo, el *Gneisenau* sufrió daños de tal magnitud que tardarían un año en ser reparados. Tras diversos retrasos, nunca volvería a entrar en servicio, y sería hundido en Gdynia por los rusos, tras serle desmontada su artillería para ser utilizada en las defensas costeras. El *Scharnhorst* aguantó hasta diciembre de 1943, cuando fue hundido en la batalla de Cabo Norte.

HIDROAVIÓN ARADO AR 196. Propulsado por un único motor de 800 CV, era el avión de reconocimiento más habitual en las unidades de superficie de la 'Kriegsmarine'.

CAPÍTULO 03

LA 'KRIEGSMARINE' EN NORUEGA ENTRE 1942 Y 1944

La ocupación de Dinamarca y Noruega, operación Weserübung, si bien constituyó un notable éxito estratégico, supuso una auténtica sangría para la 'Kriegsmarine', que perdió un total de un crucero pesado, dos ligeros, diez destructores, un submarino y varias unidades menores.

Entre las pérdidas de la operación Weserübung hay que tener en cuenta que, además, otras unidades como el *Scheer* y los cruceros de batalla permanecieron realizando reparaciones durante varios meses. Probablemente lo peor fueran las bajas en destructores, pues, indirectamente, su carencia influyó en operaciones posteriores, que bien pudieran haber tenido otro desenlace de haber dispuesto de destructores en número adecuado.

Durante el verano y otoño de 1941, el Almirantazgo comenzó a organizar, ante la presión soviética, el sistema de convoyes a través del Ártico para suministrar material de diverso tipo a la Unión Soviética, en desesperada situación. Los convoyes llevarían la denominación PQn, y los de vuelta QPn. La ruta a seguir pasaría entre Islandia y las costas septentrionales de Noruega, al sur de las Spitzbergen, adentrándose en el mar Blanco, doblando la península de Kola y bajando hasta las ciudades rusas de Murmansk y Arjangelsk. En total una ruta que oscilaba según la época entre 1.200 y 2.000 millas. El espacio libre por el norte de Noruega era de menos de 250 millas. Durante el invierno, la oscuridad es casi total, salvo unas dos horas de leve crepúsculo. Las tempestades son frecuentes, con vientos de más de 100 nudos y temperaturas inferiores a –50 °C. Un náufrago no sobrevive más de diez minutos en el mar en esas condiciones.

Los primeros convoyes cogieron desprevenidos a los alemanes y pasaron sin problemas. En septiembre se planificó la cantidad y calidad de suministros que se iban a enviar, que consistirían, mensualmente, en 400 aviones, 500 tanques, 200 vehículos blindados de diverso tipo, 3.860 máquinas-herramienta, 22.000 t de caucho y 41.000 t de aluminio. Esta riada de suministros era vital para mantener operativa a la Unión Soviética, que ya antes de la guerra se encontraba en una profunda crisis económica,

SUBMARINO EN AGUAS DEL ATLÁNTICO NORTE, en 1942. Las condiciones de vida de los hombres a bordo eran muy duras y las travesías largas, pero nunca faltaron voluntarios.

PORTADA DE LA REVISTA 'LIFE', en la que se aprecia un trasatlántico que se ha reconvertido en transporte de tropas aliado y navega en el medio de un convoy.

motivada por las contradicciones entre la elevada demanda del III Plan Quinquenal (comenzado en 1938), con una gran exigencia de la industria pesada y los enormes gastos militares, en el marco de la desastrosa situación general del país. Es significativo que la producción industrial en 1944, a pesar de todos los esfuerzos realizados, sólo se incrementó en un 4 % con respecto al nivel de 1940. Es cierto que la ayuda anglo-americana sólo representó un porcentaje marginal del esfuerzo soviético, pero llegó en un momento crítico y contribuyó en gran manera a la necesaria modernización de la aviación y diversos equipos de todo tipo. De hecho, la motorización –nunca completada– del Ejército Rojo se debió en gran medida a los camiones norteamericanos.

En enero de 1942 el *Tirpitz*, escoltado por los destructores *Beitzen*, *Z29*, *Jacobi* y *Heinemann*, se trasladó desde la base de la ciudad polaca de Swinemünde a la noruega de Trondheim (operación Polarnacht). Originalmente, cumplía órdenes directas de Hitler de proteger las costas noruegas frente a una eventual invasión, aunque el alto mando de la Marina (SKL) confiaba en poder utilizarlo con fines ofensivos más adelante. El 17 de enero se hallaba fondeado en el Assenfjord, un brazo del fiordo de Trondheim. El primero de los muchos ataques que la RAF realizaría sobre él tuvo lugar en la noche del 29 al 30 de enero, por parte de nueve Halifax y siete Stirling, que no fueron capaces de encontrar el blanco.

El 21 de febrero, el *Prinz Eugen* y el *Scheer*, con una escolta de cinco destructores y dos torpederos, salieron de la base alemana de Brunsbüttel hacia Trondheim, al mando del vicealmirante Ciliax (operación Sportpalast). La *Home Fleet*, al mando del almirante Tovey, estaba dispuesta a interceptarles, y Tovey incluso planeaba una incursión contra Tromso. Tras derribar a un solitario bombardero británico, aislado respecto de dos formaciones de bombarderos con base en el portaaviones *Albacore*, que no localizaron a la formación alemana, la suerte abandonó al crucero, que fue alcanzado el día 23, a las 07:00 h por un torpedo del submarino HMS *Trident*. El barco perdió parte de su popa y necesitaría varios meses de reparaciones. El resto de la formación llegó a su destino al mediodía, sin más incidencias. El *Lützow*, el *Köln* y cinco destructores se les unieron. Junto con una veintena de submarinos, estas unidades formaron el *Marinegruppe Nord*. La base principal de esta unidad se estableció en el fiordo de Trondheim, pero también se habilitó para ello el formidable Altenfjord, muy cercano al cabo Norte, para albergar a grandes unidades. Se le dotó de artillería antiaérea, redes antitorpedo y dispositivos lanzadores de humo artificial, para reforzar las notables defensas naturales del fiordo.

Con varias unidades al fin estacionadas en Noruega, Hitler por fin decidió adoptar una actitud ofensiva y atacar a los convoyes que venían del puerto ruso de Murmansk. La primera de estas operaciones comenzó el 6 de marzo de 1942, cuando el *Tirpitz* y tres destructores y dos torpederos (*Jacobi, Schoemann, Ihn*, T5 y T12), al mando del

EL DESTRUCTOR BRITÁNICO HMS 'GLOWWORN' resulta destrozado por el fuego del 'Blücher', en una imagen captada desde el propio crucero alemán, durante la campaña de Noruega.

vicealmirante Ciliax, realizaron una salida contra los convoyes PQ12 y QP8. La escolta lejana estaba formada por los acorazados *King George V* y el *Duke of York,* el crucero de batalla *Renown,* el portaaviones *Victorious,* el crucero pesado *Berwick* y 12 destructores. El día anterior un Fw 200 había localizado al convoy, de 16 barcos y una débil escolta, a 70 millas al sudeste de la isla noruega de Jon Mayen. La niebla impidió establecer un contacto adecuado y solamente uno de los destructores, el Z14, pudo hundir al mercante *Ijora,* de 2.800 t, que había quedado rezagado. El grueso de las agrupaciones enfrentadas llegaron a acercarse a 80 millas, pero no hubo contacto.

Tras haber sido detectada por el submarino británico *Seawolf,* la fuerza alemana fue atacada el día 9 por 12 aviones torpederos Albacore procedentes del portaaviones HMS *Victorious* (de los escuadrones 817, con cinco aviones y 832, con siete aviones) que no consiguieron ningún impacto, mientras que la poderosa defensa antiaérea del acorazado derribaba dos aparatos. Incluso el hidroavión Arado del *Tirpitz* fue utilizado como improvisado caza. No se había repetido la historia del *Bismarck,* aunque los británicos lo habían intentado. Tovey mandaba de nuevo la flota británica que trataba de dar caza al acorazado alemán, pero el navío, al mando del capitán de navío Trop, demostró la maniobrabilidad que era capaz de desarrollar con su doble timón, navegando a 29 nudos.

No obstante, la operación alemana se consideró un fracaso por parte del alto mando y los buques se refugiaron inicialmente en Narvik y posteriormente de nuevo en Trondheim. A este fracaso, debido a una inadecuada información y exploración, se añadió

la constatación de la vulnerabilidad de los barcos frente a la aviación embarcada y el nuevo problema de suministro de combustible para las grandes unidades, cada vez más difícil de hacer llegar desde Alemania. Así pues, se decidió que el siguiente convoy sería atacado sólo por destructores.

No obstante, también se evidenció una clara falta de acometividad de los acorazados británicos (lo que algunos autores denominan "complejo británico del *Hood*"). Es

muy probable que tuvieran la imagen de los cruceros de batalla volando por los aires durante la batalla del Skagerrak o Jutlandia, o la del *Hood* tras ser alcanzado por una salva bien centrada, y que no se atreviesen a atacar al poderoso acorazado sin haber mermado considerablemente su capacidad operativa previamente. Se intentó por todos los medios ponerlo fuera de combate sin exponerse a un enfrentamiento directo. Así, el 31 de marzo, fue atacado por 33 bombarderos *Halifax*, que no obtuvieron ningún resultado, salvo la pérdida de cinco aparatos. El 29 y 30 de abril se repitieron los infructuosos ataques, que le costaron a la RAF otros siete aparatos. Desde luego, el *Tirpitz* estaba cumpliendo una misión nada desdeñable: fijar un

UN HIDROAVIÓN BV 138 en servicio en la 'Luftwaffe' para reconocimientos marítimos. La colaboración entre ésta y la 'Kriegsmarine' apenas existiría durante la guerra.

desproporcionado número de unidades navales y aéreas británicas que eran muy necesarias en otros frentes.

EMBLEMA DISTINTIVO de los aviones de la RAF en el fuselaje.

El convoy PQ13 fue avistado por un hidroavión alemán de exploración Bv 138 el 27 de marzo y tres destructores zarparon de Bergen, para unirse a 10 submarinos en el ataque. El día 29 de abril de 1942 el Z26 hundió a un buque rezagado, y se detuvo a recoger a su dotación, pero fue sorprendido por el crucero HMS *Trinidad* de la escolta del convoy (de 12.000 t, armado con 12 piezas de 152 mm), que lo hundió con su potente artillería en un desigual duelo. No obstante, el crucero fue alcanzado por uno de sus propios torpedos, que realizó una trayectoria errática y le causó graves averías, teniendo que romper el contacto, dirigiéndose a Murmansk. Sería hundido por los alemanes durante su viaje de vuelta al Reino Unido. Tras recoger a 96 supervivientes del destructor Z26, los otros dos destructores alemanes se retiraron y no atacaron al convoy. Los submarinos alemanes hundieron tres buques, al precio de dos unidades propias. En modo alguno el balance podía considerarse aceptable para los alemanes.

Con la llegada del *Hipper* el 21 de marzo, el SKL (alto mando de la Marina) se encontró con el dilema de tener que atacar con fuerzas más poderosas, pero sin querer arriesgar a sus unidades mayores. Disponía también de 20 submarinos con base en los puertos noruegos de Kirkennes, Narvik y Trondheim, al mando del almirante Nord. Durante las noches del 27 y 28 de marzo la RAF realizó varias incursiones de bombarderos, incluyendo Lancaster, infructuosas, pues muchos aviones no lograron ni encontrar los blancos. El 30 del mismo mes la RAF realizó un gran ataque sobre Trondheim, con 34 bombarderos cuatrimotores Halifax, de los que se perdieron cinco, que no causó daños, pero reveló la vulnerabilidad de los buques en esa base. La transferencia más al norte aumentaría la seguridad y acortaría el trayecto para atacar a los convoyes, pero incrementaría el problema de suministro de combustible.

El acorazado de bolsillo *Scheer* permaneció en una inactividad preocupante hasta el 14 de abril (desde el 23 de febrero no había navegado), pero es que la falta de combustible, y la diferencia de velocidades con el *Tirpitz*, hacían muy difíciles las operaciones conjuntas (el *Tirpitz* podía alcanzar los 30 nudos, mientras que el *Scheer* no superaba los 26). El 27 de abril la RAF lanzó la operación Bluebeard contra los buques en Trondheim. 32 bombarderos Halifax del 4º Grupo (escuadrones 10, 35 y 76) y 12 Lancaster del 5º Grupo (escuadrones 44 y 97) atacaron utilizando bombas y minas esféricas de 1.000 libras. No todos los aviones consiguieron encontrar el blanco y cuatro no regresaron. La noche siguiente se repitió la operación con resultados similares: sólo algunos aparatos encuentran el objetivo, no se consigue impacto alguno y se pierden aparatos.

El PQ14 utilizó una ruta más al norte buscando seguridad y sólo perdió un barco por la acción de los submarinos. El QP10 perdió cuatro buques entre los ataques aéreos (por

ATAQUE AL TRÁFICO DE CABOTAJE ALEMÁN en Noruega. Un mercante es alcanzado por los disparos de un Bristol Beaufighter, el eficaz avión de caza pesado británico.

parte de bombarderos en picado Ju 88) y los de los submarinos. Un ataque de los destructores resultó infructuoso debido a las malas condiciones meteorológicas. El QP11 fue avistado por aviones de reconocimiento el 29 de abril e inmediatamente atacado por submarinos. El crucero de 11.500 t HMS *Edinburgh* fue alcanzado por dos torpedos de U-456, y quedó separado del convoy. Tres destructores (Z7, Z24 y Z25) hundieron un mercante y averiaron otro, antes de ser rechazados por los destructores británicos de escolta, uno de los cuales, el HMS *Amazón*, sufrió graves averías. El 1 de mayo, los destructores alemanes encontraron al mal-

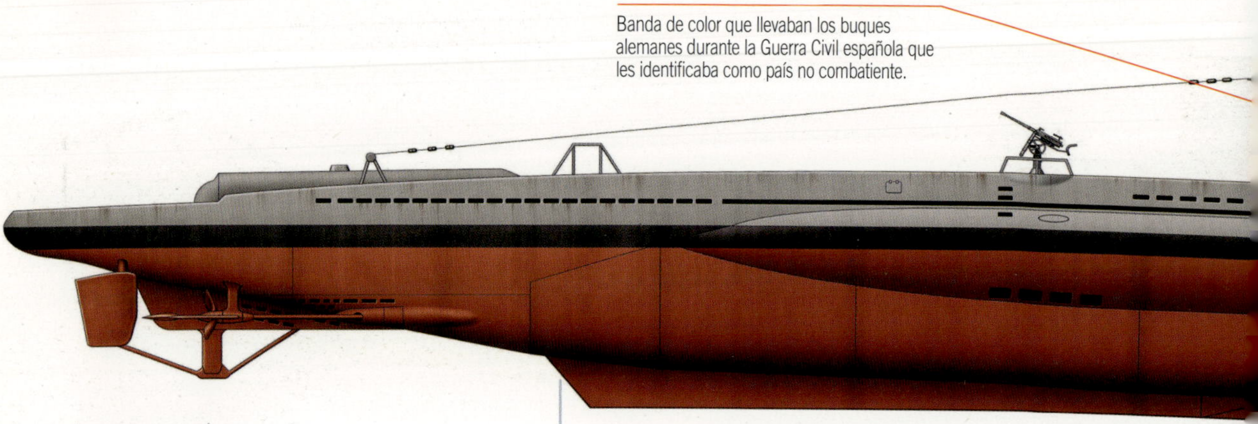

| SUBMARINO |

U-BOOT TIPO VIIA

Los submarinos tipo VII, los más equilibrados de la guerra, fueron los más utilizados y, a pesar de sus reducidas dimensiones, llevaron el peso de la batalla del Atlántico. **Desplazamiento (superf./sumerg.):** 750/850 t. **Dotación:** 44. **V. máx. (superf./sumerg.):** 17/8 nudos. **Armamento:** 5 tubos lanzatorpedos de 533 mm, 1 cañón de 88 mm y 1 de 20 mm.

trecho crucero británico, que se defendió con su artillería (12 piezas de 152 mm), hundiendo al *Hermann Schoemann* (Z7), antes de sucumbir a otro torpedo y repetidos impactos de 12,7 cm. Los destructores *Forester* y *Forsight*, que le daban escolta, también sufrieron graves daños por los repetidos impactos de artillería de los potentes destructores alemanes. El mismo día, el PQ15 perdió tres buques ante la acción conjunta de la aviación y los submarinos.

La actividad de las unidades de superficie alemanas, sobre todo comparándolas con las unidades submarinas y la *Luftwaffe*, era más que decepcionante. Apenas hundían mercantes a costa de pérdidas propias. El alto mando de la Marina, SKL, decidió utilizar por fin a las grandes unidades para atacar un convoy. Para ello, el 9 de mayo de 1942, el *Scheer* se trasladó a Narvik, donde se le unió el recientemente reparado *Lützow* junto con cinco destructores. El acorazado de bolsillo había salido de Swinemünde el 15 de mayo, acompañado de cinco destructores (Operación Waltzertraum). El *Hipper* y el *Tirpitz* estaban ya dispuestos en Trondheim. En unión de varios destructores se constituyeron dos grupos de combate, y se diseñó la operación Rösselsprung, para atacar al siguiente convoy. La situación de las reservas de combustible en las bases alemanas era crítica en ese momento, lo que limitaba la capacidad de tantas unidades concentradas en un solo teatro. En total había 11.000 t en tierra y 27.000 t en petroleros para toda la costa noruega.

El PQ16 se salvó debido al eficiente servicio de inteligencia aliado, que hizo creer a los alemanes la inminencia de un gran *raid* de comandos en la costa noruega, con lo que las unidades de superficie mantuvieron sus posiciones. El convoy, no obstante, perdió siete buques (con 32.400 t) ante los ataques coordinados de submarinos y aviones. En mayo, la *Royal Navy* sufrió varias tragedias, como el hundimiento del destructor de 1.800 t *Punjabi* al ser embestido por el acorazado *King George V*, de 35.000 t. El estallido de las cargas de profundidad del destructor, además de matar a la mayor parte de la dotación, produjo graves daños en el acorazado. El mismo

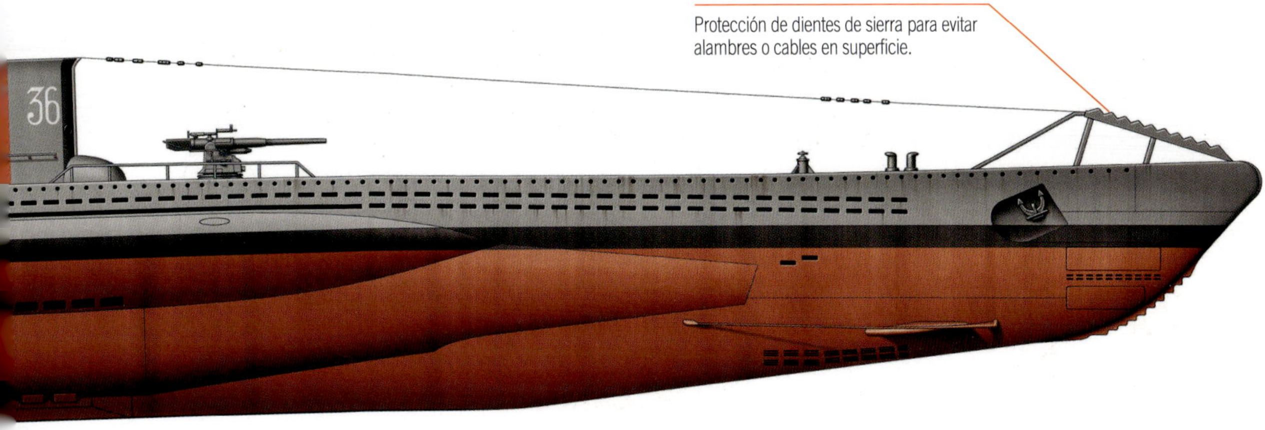

día, los escoltas ingleses hundieron por error al submarino polaco P-551.

Tras una pausa en junio, debido a las casi 24 horas de duración de la luz del día en esas latitudes, se restauró el sistema de convoyes árticos con el PQ17. El PQ17 estaba formado por 33 cargueros (22 norteamericanos, nueve ingleses y dos rusos), con un total de 156.492 t. La escolta cercana estaba formada por tres dragaminas y cuatro pesqueros armados, a los que se les unieron el día 30 de junio de 1942 seis destructores, cuatro corbetas, cuatro submarinos, cuatro fragatas antiaéreas y otros tres buques de apoyo, bajo el mando del capitán de fragata John Broome. La escolta lejana estaba formada por dos grupos: los cruceros pesados HMS *London* y HMS *Norfolk*, británicos, USS *Tuscaloosa* y USS *Wichita*, norteamericanos, y tres destructores, al mando del contraalmirante Hamilton. El grupo principal estaba formado por los acorazados HMS *Duke of York*, y USS *Washington*, el portaaviones HMS *Victorious*, los cruceros pesados HMS *Nigeria* y HMS *Cumberland* y 14 destructores, al mando del vicealmirante Tovey.

El alto mando recibió información de la partida del convoy y preparó un ataque combinado. Apenas existían horas de oscuridad y la *Luftflotte V*, operando desde Barduffos, Tromso, Banak, Kirkennes y Petsamo podría actuar a su antojo. Ciliax había sido relevado, por enfermedad, por el vicealmirante Schniewind. El plan se basaba en la detección del convoy por la aviación, la destrucción de la escolta por el grupo del *Tirpitz* y la del convoy por los acorazados de bolsillo. Los aviones y submarinos se encargarían de rematar a los buques dispersos supervivientes.

El convoy fue avistado en la madrugada del 1 de julio por el U-456. Rösselsprung se llevó a efecto. El 2 de julio, el Grupo 1 (*Tirpitz* y *Hipper*, con cuatro destructores, *Friedrich Ihn, Karl Galster*, *Theodor Riedel* y *Hans Lody*, y dos torpederos, T5 y T17, bajo el mando directo de Schniewind) se desplazaron, para evitar ser descubiertos, a través de una peligrosa ruta costera hasta el fiordo de Alta. El Grupo 2, al mando del contraalmirante Kummetz, compuesto por el *Scheer, Lützow* y cinco grandes destructores de la clase Narvik (Z24, Z27, Z28, Z29 y Z30) se les uniría un día después. Desgraciadamente, el *Lützow* y tres destructores vararon en las peligrosas y desconocidas costas, por lo que no pudieron alcanzar las aguas del puerto noruego de Alta a tiempo (de hecho, el *Lützow* tuvo que efectuar reparaciones en Kiel hasta el 5 de noviembre).

El Almirantazgo tuvo conocimiento de estos movimientos, pero la espesa niebla reinante impidió que la RAF los siguiese adecuadamente. El día 3, un carguero fue hundido por un torpedo lanzado desde un avión. Comenzaba el drama. Se sucedieron los ataques de la aviación, y el convoy arrumbó al norte para alejarse de las bases alemanas. La escolta de la *Home Fleet* se hallaba en ese momento a 390 millas del convoy, que sólo estaba protegido por los crucero pesados. La situación del Almirantazgo, que desconocía la localización de la flota alemana, de la que sólo era seguro que se había hecho a la mar, era tensa, y urgía tomar decisiones. Consciente de que la escolta de cruceros del convoy no tendría ninguna posibilidad frente a los buques alemanes, ordenó el día 5 de junio de 1942, en tres sucesivos y dramáticos mensajes, enviados entre las 21:00 h y las 21:36 h, la retirada de la misma y la dispersión de las 36 unidades del convoy. La escolta de destructores y fragatas se unió en la desbandada a los cruceros (en realidad, la orden de retirada sólo hacía referencia a los cruceros).

CARTEL DE PROPAGANDA DE LA 'KRIEGSMARINE'. El arma submarina era una de las más demandadas, a pesar de las limitadas expectativas de supervivencia.

Era un auténtico "sálvese quien pueda" y el resultado fue catastrófico. Quedaban 800 millas hasta los puertos rusos. Desde luego, tal decisión evitó el ataque de las unidades de superficie y la aniquilación de la escolta, pero, antes del 13 de julio, 24 buques habían sido hundidos por la acción conjunta de submarinos y aviones. En total, de las 188.000 t transportadas fueron hundidas 123.000 t. Lo curioso es que la orden de dispersión que tan graves consecuencias tuvo fue dada cuando el único dato objetivo disponible era que las unidades alemanas no se encontraban en sus fondeaderos habituales. Sin duda, una orden fruto del miedo a la *Kriegsmarine* y de una asombrosa falta de reflexión.

¿Qué ocurrió con las unidades de superficie alemanas? El nuevo comandante, Schniewind, se hizo a la mar con el *Tirpitz, Scheer, Hipper*, siete destructores y dos torpederos, a las 11:00 h del día 5. Pero inmediatamente (a las 17:00 h, tras salir del fiordo de Alten) fue atacado, sin éxito, por el submarino soviético K-21. Los aviones británicos comenzaron a perseguir a

| JÓVENES EN GUERRA | 1939-1945 |

LA MILITARIZACIÓN DE LAS JUVENTUDES

Los estados totalitarios con régimen de partido único, aspiraban a encuadrar a toda la población en pro de la causa común que no era otra cosa que el programa del partido empapado de un contundente nacionalismo; obviamente la juventud era uno de esos sectores de la población más importantes para someter a control. Las juventudes de esos partidos –los más destacados fueron las juventudes hitlerianas de los nazis y el *komsomol* del Partido Comunista de la Unión Soviética– debían ser, de este modo, la cantera de donde surgiesen sus futuros dirigentes y sobre todo millones de ciudadanos sumisos a las directrices políticas y capaces de los mayores sacrificios que la organización les pidiese. Por ello su encuadre, formación política e ideológica –mejor dicho, fanatización– y adiestramiento físico y militar fueron los pilares de dichas organizaciones juveniles. Cuando estalló la guerra esas juventudes, sobre todo las nazis, se aplicaron a colaborar en todas las tareas de la retaguardia para las que fueron requeridas, como reparto de propaganda, delación de derrotistas y traidores, desescombros, homenajes y desfiles e, incluso, a participar en el frente de batalla.

Sin embargo, existían diferencias entre los dos modelos más claros de las juventudes: el de los comunistas y el de los nazis. La afiliación al *komsomol* era voluntaria, no había distingo de sexos, y su incorporación al partido y a la guerra fue limitada debido a las intensas purgas efectuadas por Stalin a finales de los treinta, que afectó al número de militantes del partido. En el bando nazi, en cambio, la afiliación y las actividades que ello comportaba acabaron siendo obligatorias, y estaban restringidas al sexo masculino, pues las muchachas tenían su propia organización. Las juventudes hitlerianas abarcaban entre los 14 y 18 años, estaban uniformadas y sometidas a entrenamiento y disciplina paramilitar. Para las franjas de edad inferiores existía otra organización de similares objetivos, la *Deutsches Jungvolk in der Hitler-Jugend*, que en la Unión Soviética tenía su correspondencia en los pioneros.

UNA UNIDAD DE KOMSOMOLES SOVIÉTICOS preparada para ir al frente en 1942. Las juventudes, convenientemente fanatizadas, fueron de gran utilidad para sus gobiernos.

El drama se fue produciendo a medida que avanzaba la Segunda Guerra Mundial. Las grandes carencias demográficas de Alemania obligaron a incorporar a miembros de las juventudes cada vez más niños a tareas de combate en primera línea, lo que provocó una enorme mortandad entre sus filas. El fanatismo con el que habían sido formados les convertía en fácil carne de cañón para los mandos nazis y se lanzaban a tratar de destruir tanques, incorporando incluso granadas a sus bicicletas infantiles que apenas sirvieron contra los poderosos T-34 soviéticos. Su entrega a la ideología nazi les hizo especial cantera de las SS y de alguna división de tanques. Muchos lucharon con gran, e inútil, valor y coraje en la última batalla de Berlín dedicándose a destruir carros de combate soviéticos, y es famosa la foto de Hitler, días antes de su suicidio, condecorando a aquellos críos por su valor ante el enemigo bolchevique. Sin embargo, otros muchos al toparse con los avezados y fieros soldados soviéticos, y dada su corta edad, emprendían la huida presas del pánico, lo que les suponía la ejecución inmediata por parte de sus superiores en caso de ser sorprendidos. [J.C.L.]

LANCHAS RÁPIDAS TORPEDERAS ALEMANAS en aguas noruegas. Las 'Schnellboote', como se las conocía en alemán, lograrían algunos éxitos espectaculares durante la guerra.

los buques alemanes, informando constantemente de sus movimientos. Temiendo un enfrentamiento con una gran fuerza de escolta, inexistente, el almirante Erich Raeder ordenó que el convoy fuera atacado sólo por submarinos y aviones con los resultados ya conocidos. Las unidades de superficie recibieron la orden de regreso, en medio de la decepción general, a las 22:00 h. Durante la madrugada del día 8 la escuadra fondeó en Narvik.

Ante la falta de convoyes aliados como blanco y el miedo a un enfrentamiento contra fuerzas superiores, el alto mando planeó una serie de operaciones menores contra las costas soviéticas (operación Wunderland). El 16 de agosto el *Scheer* salió hacia el mar de Kara para realizar una incursión contra el tráfico comercial, pero apenas encontró blancos. El día 25, hundió al rompehielos *Sibiryakov,* de 1.384 t. El 26 bombardeó Puerto Dikson, el mayor puerto ártico soviético, en la desembocadura del Yenisei, dañando dos mercantes y causando graves averías en las instalaciones portuarias. El 30 se encontraba de nuevo en Narvik. Aunque los resultados materiales fueron pobres, los morales fueron extraordinarios. Entre el 4 y el 8 de septiembre los destructores Z4, Z29 y Z30 establecieron un campo de minas en los estrechos de Kara. La operación se repitió en las cercanías de Nueva Zembla el 24 de septiembre, con cuatro destructores acompañados por el *Hipper.* A mediados de octubre, otro campo de minas fue sembrado en el mar Blanco.

Ante la presión soviética para seguir recibiendo suministros, por fin, a finales de octubre, 13 mercantes salieron de forma independiente de Islandia, pero cinco de ellos fueron hundidos por submarinos y aviones. El 5 de noviembre, el *Hipper* y cuatro destructores salieron a rematar al resto del grupo, pero no encontraron a ninguno. Sólo el Z27 hundió a dos pequeños buques (un petrolero

y su escolta) que navegaban de vuelta a Islandia. Fue ésta una constante en las operaciones en el Ártico, la falta de adecuado reconocimiento y de coordinación entre *Luftwaffe* y *Kriegsmarine*. Las unidades de superficie quedaron mermadas a finales de 1942 pues el *Scheer* fue a Wilhelmshaven en noviembre y el *Lützow* regresó tras completar sus reparaciones a mediados de diciembre (se le cambiaron sus gastados motores diésel, ya que aún continuaba con los originales).

El *Tirpitz* realizó un extenso programa de mantenimiento y modernización en Trondheim, y, a finales de diciembre, estaba de nuevo operativo, con nuevos equipos electrónicos y antiaéreos. Su comandante, Topp, fue ascendido a contraalmirante y sustituido en el puesto por Hans Meyer el 22 de febrero de 1943.

CAPÍTULO 04

LOS ALEMANES PIERDEN LA GUERRA EN EL MAR

El 15 de diciembre de 1942, aprovechando que las duras condiciones climáticas dificultaban las patrullas de los submarinos alemanes, se reanudaron los convoyes aliados al puerto soviético de Murmansk. El primero tenía como nombre en clave JW51A, y alcanzó la costa sin incidentes, aunque una vez allí perdió tres barcos en un campo de minas en el mar Blanco.

El 24 de diciembre fue avistada por la aviación la segunda mitad de este primer convoy, con el nombre de JW51B, y se puso en marcha la operación Regenbogen (Arco Iris). El *Hipper* y el *Lützow*, con seis destructores (*Eckholdt, Riedel, Beitzen*, Z29, Z30 y Z31), al mando del vicealmirante Oskar Kummetz, se hicieron a la mar el día 30, con órdenes estrictas de evitar el combate con una escolta de igual fuerza que ellos. Para empeorar las cosas, en esa época sólo había dos horas de luz. El plan consistía en formar una pinza con ambas unidades para coger al convoy en el medio. Comenzó la denominada batalla del mar de Barents, al norte de Noruega y la Unión Soviética.

A las 23:00 h, a 26 nudos, en medio de una fuerte borrasca, los buques alemanes se dirigieron hacia el norte dispuestos a localizar y destruir el convoy. Éste estaba compuesto de 14 mercantes, escoltados por seis destructores, dos corbetas y dos dragaminas. La protección próxima estaba formada por los cruceros HMS *Sheffield* y HMS *Jamaica*, y dos destructores, al mando del contraalmirante Burnett. La escolta lejana estaba formada por el acorazado HMS *Anson* y el crucero HMS *Cumberland* y tres destructores, pero estaban a mucha distancia en esos momentos.

En la madrugada del 31 de diciembre de 1942, los alemanes desplegaron en línea de frente para cubrir el horizonte. Alrededor de las nueve de la mañana, el destructor HMS *Obdurate* divisó tres siluetas y se acercó a identificarlas. A las 09:20 h, desde 7.500 m de distancia, los buques alemanes abrieron el fuego sobre él. Había comenzado la batalla del mar de Barents.

Las posiciones relativas eran las siguientes: El *Hipper* estaba por la aleta de babor del convoy, el *Lützow* se le aproximaba por estribor, unas 50 millas más al sur, y los destructores se estaban cerrando sobre el convoy desde su despliegue inicial en abanico. Kummetz dividió a sus destructores entre sus

UNO DE LOS NUMEROSOS DESTRUCTORES de escolta británicos atacando con cargas de profundidad a un submarino. Se aprecian (claramente) los cañones antiaéreos QF de una libra.

buques mayores, en la esperanza de que uno de los grupos atrajera a la escolta mientras el otro destruía el convoy. En ese momento, los cruceros británicos se encontraban a unas 35 millas hacia el norte. Los ingleses actuaron según las previsiones alemanas. Mientras el convoy ponía rumbo hacia el *Lützow*, la escolta se enfrentó al *Hipper*.

Los destructores *Obdurate, Orwell, Obedient* y *Onslow* se interpusieron valerosamente, mientras que el *Achates* tendía una cortina de humo para ocultar el convoy. Se daba la paradoja de que los británicos creían que fijaban al crucero alemán mientras acudían sus propios cruceros, cuya presencia los alemanes desconocían, mientras que el convoy se dirigía directamente hacia el enemigo, cuya presencia también desconocía. Tras un ineficaz intercambio de fuego en medio de agresivas maniobras, el *Onslow* recibió, en rápida sucesión, cuatro impactos de 20,3 cm a las 10:20 h, que lo dejaron al garete. El siguiente en caer fue el dragaminas *Bramble*, que se hundió con toda su dotación.

TRAS UN INEFICAZ INTERCAMBIO DE FUEGO EN MEDIO DE AGRESIVAS MANIOBRAS, EL 'ONSLOW' RECIBIÓ, EN RÁPIDA SUCESIÓN, CUATRO IMPACTOS

A las 10:40 h el *Lützow* establecía contacto visual con el convoy, que se dirigía de frente hacia él. En ese momento, cuando los cañones de 28 cm del acorazado de bolsillo apuntaban a los mercantes, un providencial chubasco de nieve los ocultó de la vista del acorazado. Sólo uno de los destructores fue capaz de lanzar varios torpedos antes de perder el contacto. Los alemanes decidieron seguir al convoy por medio de los radiotelémetros, no muy fiables con mal tiempo, y esperar un nuevo contacto visual. Probablemente, el miedo a un ataque torpedero fue decisivo en tal decisión, que tendría consecuencias funestas. Stange estuvo durante toda la batalla acuciado por la escasa visibilidad y los datos contradictorios sobre observaciones confusas de buques amigos y enemigos.

Mientras, el *Hipper* destrozó al *Achates* con varios impactos de 20 cm, el cual más tarde se hundiría. Le llegó el turno al *Obedient*, que también sufrió averías, pero pudo ocultarse de nuevo en una cortina de humo. Desde el crucero se estableció contacto visual con el *Lützow*, que no se decidía a dar caza a los mercantes, y Kummetz le ordenó el ataque definitivo, a pesar de la escasa visibilidad. El *Hipper* estaba a punto de cerrar la tenaza sobre el convoy, una vez despachada la escolta de destructores. Pero la suerte cambió en ese momento. El crucero pesado fue ahorquillado por seis altos surtidores, con toda probabilidad disparos provenientes del norte, sin que se viera en ningún momento al buque o buques agresores. Una segunda salva logró un impacto directo en la cámara de calderas del *Hipper*. Los cruceros de Burnett habían llegado.

Tras otras cuatro salvas, que lograron dos nuevos impactos, al fin pudieron los alemanes identificar al enemigo. Comenzó un intercambio de fuego, y los británicos, que habían comenzado a disparar desde 13.000 m mediante el radar, decidieron no arriesgarse frente a las piezas de 20 cm y arrumbaron hacia el norte. El *Lützow* había abierto el fuego sobre el convoy por fin, desde 16.000 m, a las 11:42 h, alcanzando a un mercante, pero, viendo el ataque sobre el *Hipper*, es-

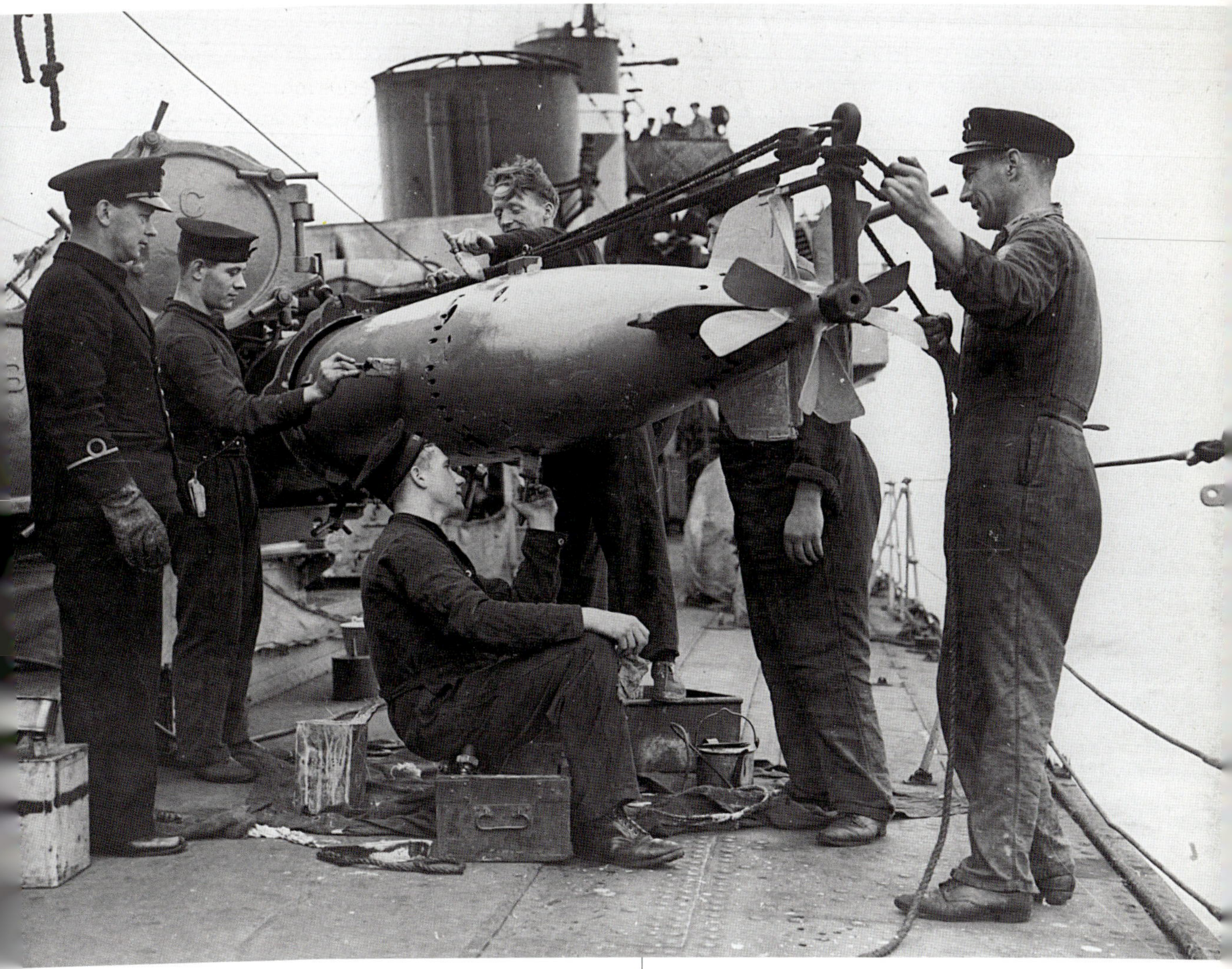

MARINOS INGLESES MANIPULANDO UN TORPEDO en un tubo lanzatorpedos en la cubierta de un buque británico. Los numerosos fallos en los torpedos alemanes al principio de la guerra evitaron el hundimiento de muchas unidades enemigas.

tableció rumbo al noroeste para unirse a su insignia (era la primera que disparaba en combate desde 1939). Cesó el fuego tras seis salvas de 28 cm y una de 15 cm, cuyos piques apenas podían distinguirse en la luz del crepúsculo.

El *Sheffield* y el *Jamaica* se habían alejado lo suficiente del *Hipper* para virar hacia el convoy, y se encontraron con los destructores alemanes *Eckholdt* y *Beitzen*, que los tomaron por buques propios, en medio de unas horribles condiciones meteorológicas. El *Eckholdt* fue acribillado por el fuego de las piezas de 6 pulgadas y de 4 cm, y voló literalmente. No se salvó ni un tripulante. Los buques alemanes, mientras tanto, alcanzaban a otro destructor ingles, el *Obdurate*, provocándole graves averías. Sólo quedaba indemne el *Orwell*. La niebla y la nieve ocultaron los blancos en ese momento, hasta que a las 12:30 h, el *Hipper* y el *Lützow* tuvieron una marcación clara sobre los cruceros ingleses, a 15.500 m, y los centraron con varias salvas. El *Lützow* disparó un total de 86 proyectiles de 28 cm y 76 de 15 cm. Éstos rompieron el contacto precipitadamente hacia el norte y ese movimiento significó el fin del combate. La noche de ese 31 de diciembre se cernía sobre el escenario, y lo más prudente era una retirada.

EMBLEMA DISTINTIVO de los aviones de la RAF en la cola.

Este confuso combate, que tácticamente podemos considerar acabado en tablas, pero que resultó una derrota alemana, pues el convoy escapó casi intacto, merece varios comentarios.

En primer lugar, hay que tener en cuenta las condiciones meteorológicas imperantes, con muy escasas horas de luz y frecuentes chubascos de nieve y nieblas, que podían reducir la visibilidad en escasos minutos a dos o tres mil metros. Los radiotelémetros alemanes no eran muy precisos, y no daban información sobre las salvas propias, por lo que para corregir el tiro era necesario el contacto visual. Los radares británicos sí lo permitían. Las órdenes alemanas eran muy estrictas y restrictivas, en el sentido de no arriesgar los buques y destruir primero la escolta antes de atacar el convoy. Ambos bandos se comportaron con gran prudencia y mostraron escasa agresividad. Superada la sorpresa inicial, los cruceros del capitán inglés Sherbrooke sólo realizaron fintas, sin intentar entablar combate en serio. Los destructores británicos no lograron un solo impacto y, como unidad de combate, resultaron virtualmente puestos fuera de combate. Los destructores alemanes prácticamente no intervinieron, cuando ellos sólo con su gran potencia de fuego y velocidad podrían haber sembrado el caos en el convoy. En las condiciones límite impuestas por el Ártico, ambos bandos intentaron cumplir con su misión lo mejor posible y no les faltó valor ni profesionalidad.

El fracaso de la operación Arco Iris tuvo graves consecuencias para la *Kriegsmarine*. Inicialmente, Hitler quiso desguazar todas las grandes unidades de superficie y emplear sus cañones como artillería de costa. Raeder fue sustituido por Dönitz el 30 de enero, cuya arma submarina era la única que estaba obteniendo resultados apreciables. Al final, la lista de bajas entre las grandes unidades sólo incluyó al *Gneisenau*, *Leipzig* y *Köln*, que se encontraban en período de extensas reparaciones.

En Noruega permanecerían el *Tirpitz*, *Scharnhorst*, *Lützow* y *Hipper*, así como los cruceros ligeros *Nürmberg* y *Köln*, y ocho destructores. El *Scheer* y el *Prinz Eugen* permanecerían en el Báltico. Frente a ellos, en Scapa Flow, se encontraban los acorazados británicos *King George V*, *Anson*, *Howe* y *Malaya*, cuatro cruceros pesados, cinco ligeros y 20 destructores.

LOS CAÑONES DE 10,5 CM (ANTIAÉREOS) de un acorazado de bolsillo alemán disparando contra un mercante aliado, en una acción de los primeros meses de la guerra.

LOS CONVOYES DEL ATLÁNTICO: EL CORDÓN UMBILICAL ALIADO

Tras el comienzo de la guerra submarina, el Almirantazgo restituyó el sistema de convoyes usado durante la Primera Guerra Mundial. Contaban con buques de escolta que avanzaban haciendo barridos con el asdic, un precursor del sónar.

CONVOY TÍPICO

Se componía de entre 40 y 50 buques mercantes formados en varias columnas separadas entre sí alrededor de 1 km.

Buques de escolta
Se desplegaban alrededor y al frente, y avanzaban haciendo barridos con el asdic.

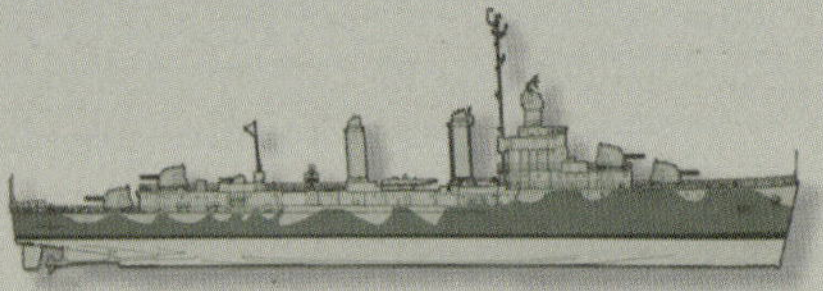

Destructor de escolta típico de la US 'Navy'

Desplazamiento: **2.200 t**
Dotación: **260 hombres**
Armamento: **4 o 5 piezas de 127 mm**
4 piezas de 40 mm
4 piezas de 20 mm
5 tubos lanzatorpedos de 533 mm
lanzacargas de profundidad múltiple
Velocidad: **36 nudos**
Autonomía: **6.000 millas**

Estrategia defensiva
Cuando el convoy era atacado por submarinos, varios escoltas dejaban sus puestos para atacarlos, lo que dejaba peligrosos huecos que los otros submarinos podían aprovechar.

Distribución
El centro del convoy estaba destinado a los barcos con mercancías más peligrosas, como munición o combustible. El jefe del convoy era un comodoro cuyo barco ocupaba la cabeza de la columna central.

Buque tipo Liberty

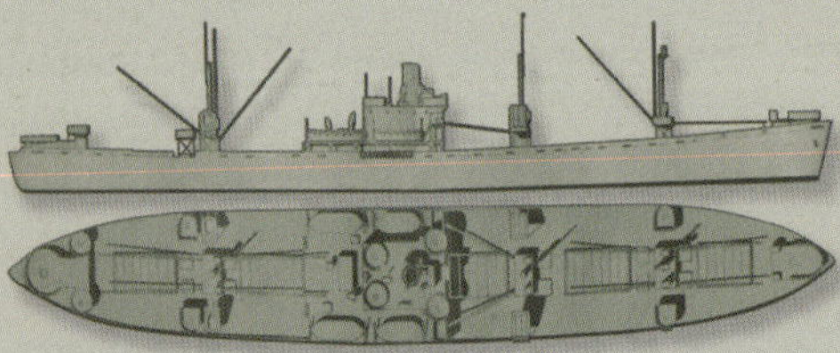

Años de construcción: **1941-1945**
Número de unidades: **2.770**
Desplazamiento bruto: **12.000-14.000 t**
Eslora: **135 m**
Manga: **17 m**
Calado: **8 m**
Velocidad: **11 nudos**

CAUSAS DE BAJAS ENTRE LAS DOTACIONES DE LOS BUQUES DE LOS CONVOYES

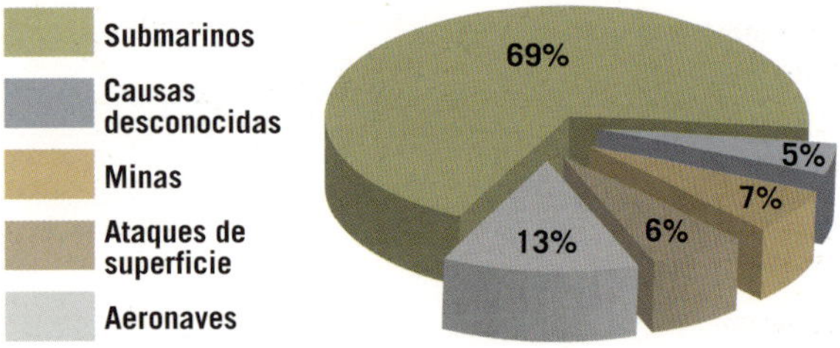

Focke-Wulf Fw 200 C-1 Condor
Avión de patrulla marítima
Dotación: **5 o 6 hombres**
Armamento: **3 ametralladoras de 7,92 mm**
1 o 2 cañones de 20 mm
4 bombas de 250 kg o 2 minas de 1.000 kg
Velocidad máxima: **360 km/h**
Autonomía: **4.450 km**

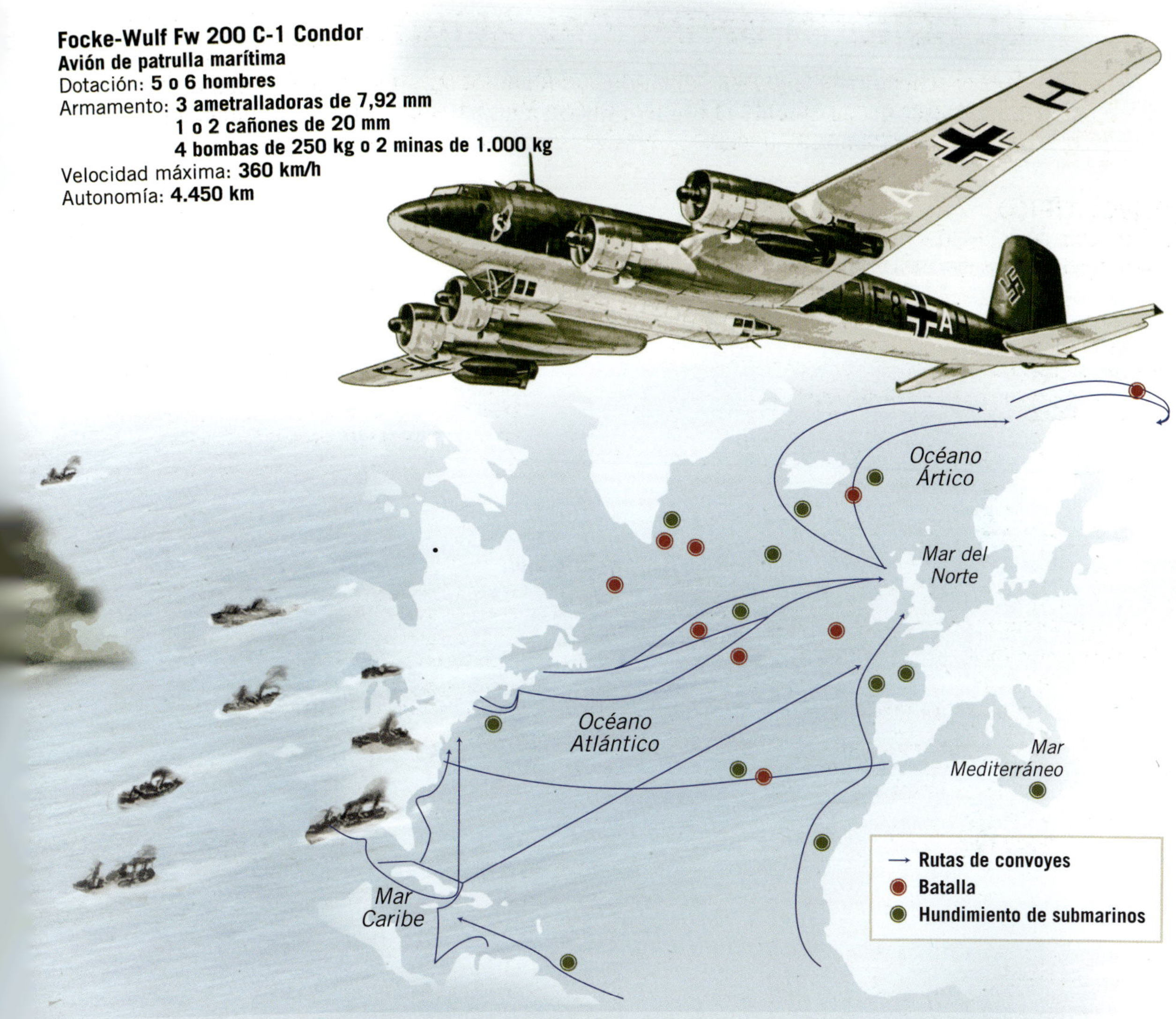

ESQUEMA DE UN CONVOY TÍPICO, CON LA DISTRIBUCIÓN DE LOS DESTRUCTORES ESCOLTA

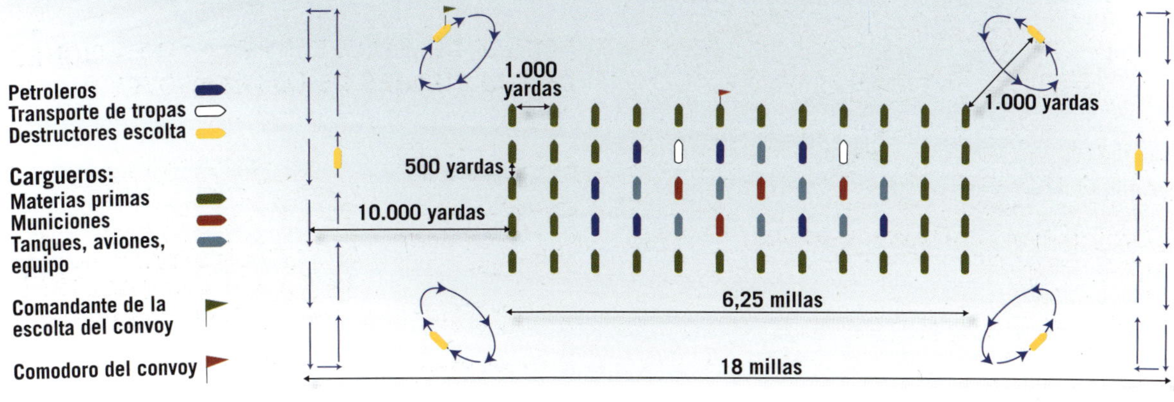

EN LA CUBIERTA DE UNA UNIDAD DE SUPERFICIE ALEMANA.
La bandera de la 'Kriegsmarine' ondea al viento en la popa.

En febrero, el *Hipper* y el *Köln*, averiados, regresaron a Alemania. No volverían a Noruega. En marzo el *Scharnhorst* se reunió por fin con el *Tirpitz* y el *Lützow* en Altafjord. El crucero de batalla había intentado varias salidas, infructuosas debido al constante reconocimiento de la RAF, que anticipaba todos los movimientos alemanes gracias al equipo de espionaje y criptografía *Ultra*. El 6 de marzo, finalmente, lo consiguió sin ser detectado.

Mientras tenían lugar estas controversias, dos nuevos convoyes pasaron sin mayores contratiempos, pero cuando el gran crucero de batalla se unió al resto en Alta, los británicos se percataron de lo poderoso de la fuerza reunida, y suspendieron los convoyes. La primera y paradójica consecuencia fue la transferencia de escoltas al Atlántico para hacer frente a la amenaza submarina, que estaba cosechando notables éxitos durante marzo y abril de 1943. Unido a la introducción de los portaaviones de escolta y los nuevos radares, el comandante del arma submarina Karl Dönitz suspendió la ofensiva submarina el 25 de mayo debido a las fuertes pérdidas. A partir de ese momento, la guerra en el mar estaba perdida para los alemanes.

Mientras tanto, el *King George V* y el *Howe* se trasladaron al Mediterráneo para apoyar la invasión de Sicilia, siendo sustituidos por el *Rodney* y los americanos *South Dakota* y *Alabama*. Es notoria la desproporcionada concentración de fuerzas que las escasas unidades alemanas producían en el bando aliado.

Hasta agosto la situación permaneció tranquila en aguas noruegas, debido a la falta de convoyes, la escasez de combustible y a que la actividad bélica estaba desplazada hacia el Mediterráneo. El 1 de agosto comenzó la operación Wunderland II, que se coordinó entre la aviación y las unidades de superficie de forma notable. Un Bv 138 realizó vuelos de reconocimiento hasta los estrechos de Vilkitski, el U-255 actuó de buque nodriza en Nueva Zembla y el *Lützow* sería el corsario, pero la falta de blancos obligó a cancelar finalmente la operación.

El mes de septiembre de 1942 vio al *Tirpitz,* por fin, utilizar sus piezas de 38 cm, aunque contra blancos terrestres. Había sospechas fundadas de la utilización de la isla de Spitsbergen, en el archipiélago noruego de Svalbard, como base de los convoyes aliados, y se decidió una incursión de bombardeo (operación Sizilien o Zitronella). El *Tirpitz, Scharnhorst* y nueve destructores (4ª Flotilla con el Z29, Z33 y Z31; 5ª Flotilla con el Z27, *Steimbrinck* y Z30; 6ª Flotilla con el *Galster, Lody* y *Riedel*) salieron el día 6 de Alta, bombardearon Barentsburg y desembarcaron tropas en Gronfjord y bahía Advent para establecer puestos de vigilancia y control meteorológico. Las fuerzas de desembarco fueron transportadas por la 5ª y 6ª flotillas, y estaban formadas por personal del

SUBMARINOS ALEMANES EN LÍNEA DE FILA, poco antes del comienzo de las hostilidades. La tranquilidad con la que se les ve navegar en la imagen pasaría pronto a la historia.

BATALLA DEL ATLÁNTICO II (de IV a XII de 1941)

Tras el éxito inicial de la flota submarina alemana, los aliados reorganizaron el sistema de convoyes y contaron con la cobertura de canadienses y americanos. Esto motivó que corsarios y submarinos de la 'Kriegsmarine' tuvieran que interceptar los mercantes en el océano abierto, algo que resultaba más complicado y costoso. Los alemanes fueron perdiendo la iniciativa y redujeron el número de hundimientos.

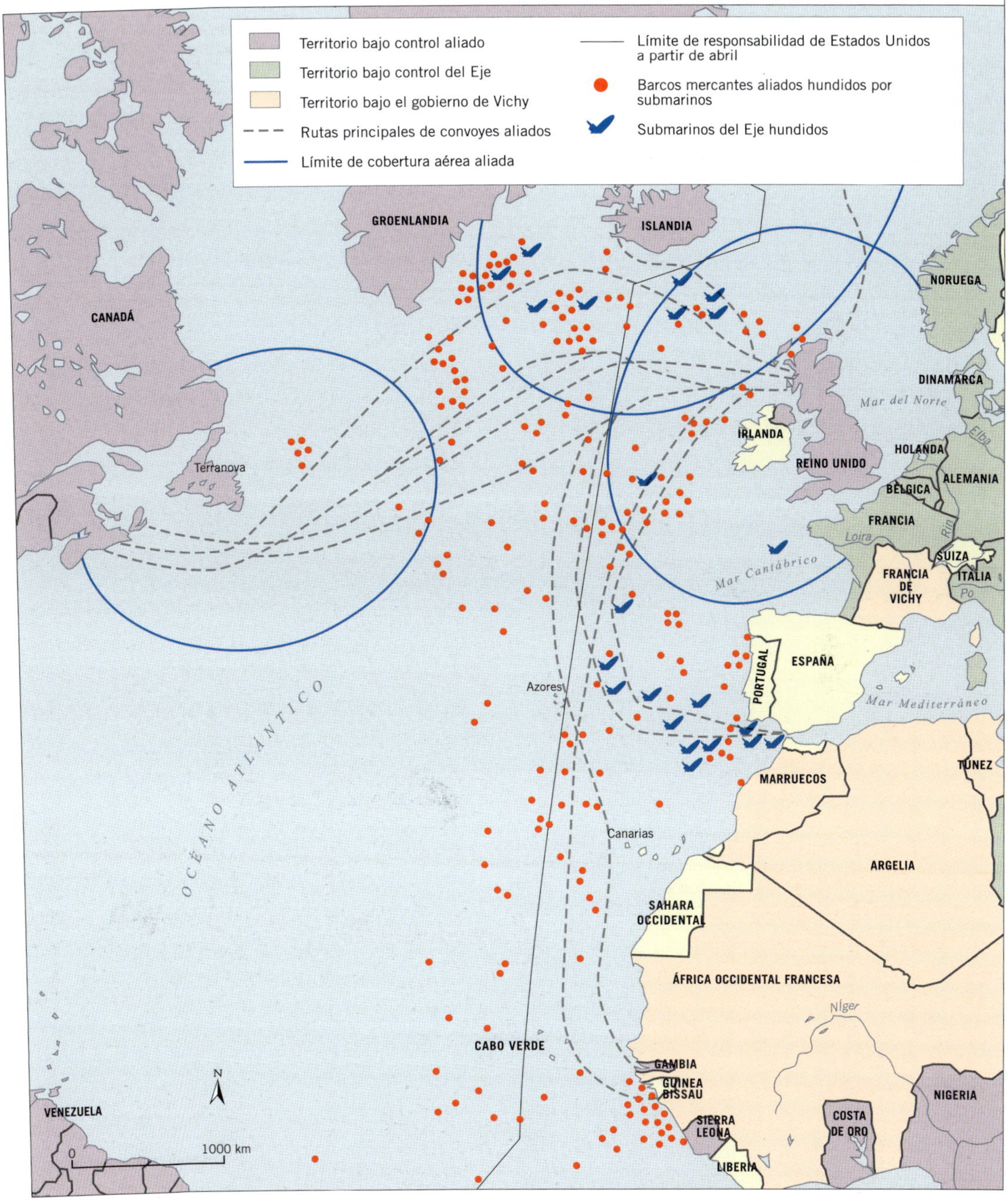

UN MERCANTE ALIADO alcanzado por el certero torpedo lanzado desde uno de los submarinos alemanes, visto desde el periscopio del atacante. Pronto se hundiría.

349 Regimiento de granaderos, con base en Alta. La escasa defensa de la isla mostró una encarnizada resistencia e incluso el Z29 solicitó apoyo directo del *Tirpitz*. El día 9 de septiembre estaban de vuelta. El 19 de octubre de 1942, el crucero norteamericano US *Tuscaloosa* y cuatro destructores desembarcaron tropas en la isla para establecer bases a su vez.

Otras operaciones similares contra la costa soviética fueron canceladas debido a la crónica escasez de combustible. La moral de las dotaciones se resentía, pues en Altafjord no había ninguna posibilidad de distracción fuera de los confines del buque y la inactividad prolongada era devastadora. A primeros de octubre, los submarinos ingleses desencadenaron una exitosa ofensiva contra el tráfico mercante alemán de cabotaje en el fiordo de Vest, hundiendo un total de nueve barcos con unas 40.000 t de registro bruto.

La presencia del *Tirpitz* era una preocupación constante para los ingleses, y decidieron atacarlo mediante submarinos de bolsillo, mientras se encontraba en el profundo fiordo de Kaaf, una ramificación del Alten. En ese momento sólo estaba él en el fiordo, pues el *Scharnhorst* estaba realizando ejercicios de tiro, el *Prinz Eugen* estaba ultimando reparaciones en las bases alemanas y el *Lützow* estaba pendiente de efectuar reparaciones importantes en Gdynia. El 21 de septiembre de 1942 seis minisubmarinos de la clase X entraron en acción.

Habían partido el día 11 de Loch Ewe, transportados por seis submarinos oceánicos (*Threser, Truculent, Stubborn, Seanymph, Syrtis* y *Sceptre*). El X 8, remolcado por el *Seanymph*, rompió el cable de remolque durante la travesía, pero horas después pudo ser recuperado por el submarino nodriza. No obstante la navegación por sus propios medios causó inundaciones en las cargas que transportaba, que tuvieron que ser detonadas tras haberlas soltado. La segunda, detonada a cuatro millas de distancia, causó tales daños en el submarino, que se decidió su abandono y hundimiento. Su blanco era el *Lützow*.

El X 10 y el X 9 tenían por objetivo el crucero de batalla, que se encontraba en alta mar. El X 9, remolcado por el *Syrtis*, también rompió el cable de remolque, pero no se halló rastro ni del submarino ni de su dotación de cuatro tripulantes. El X 10, mandado por el teniente de navío australiano Hudspeth, largó el remolque a las 20:00 h del día 20, pero inmediatamente surgieron averías en el periscopio y el giróscopo. Tras intentar una reparación de fortuna, que no dio un resultado tranquilizador, se decidió abortar la misión, siendo recogidos por el *Stubborn*, fuera del fiordo.

MARINERO ALEMÁN presentando armas. Lleva cuello marinero y tafetán característicos. En el pecho, el águila bordada en hilo dorado de la 'Kriegsmarine', a diferencia del ejército alemán.

| NAVÍO |

ACORAZADO 'TIRPITZ'

Uno de los buques más potentes del momento. Entró en servicio en 1941. Fue destinado a proteger la costa noruega desde 1942 hasta su hundimiento en 1944. **Dotación:** 2.100 hombres. **Eslora:** 248 m. **Manga:** 36 m. **Armamento:** 8 cañones de 381 mm, 12 de 150 mm, 16 AA de 105 mm, 8 lanzatorpedos de 533 mm y 4 hidroaviones.

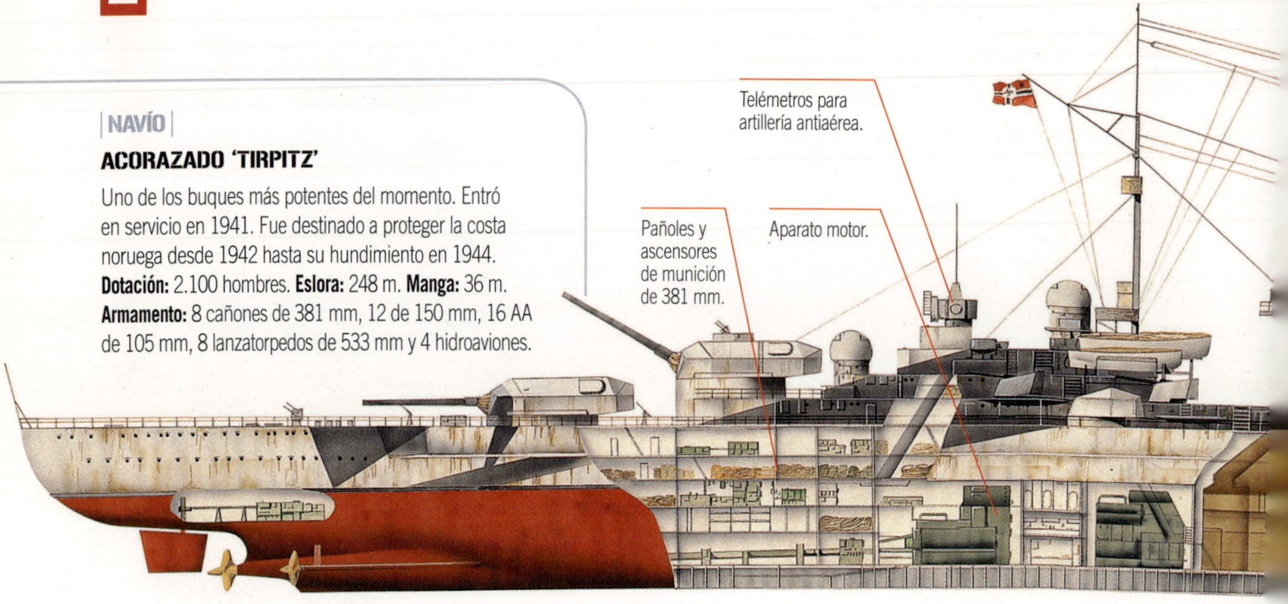

Tras atravesar en superficie un campo de minas, el X 6 (comandado por el teniente Place) y el X 7 (a cargo del teniente Cameron) pasaron la noche en las cercanías de las islas Brattholm, frente a la costa septentrional de Noruega. De madrugada, reanudaron su aproximación. Tras una doble red antitorpedos divisaron por fin a su objetivo, el acorazado *Tirpitz*.

El submarino de Place atravesó las redes por debajo, a 25 m de profundidad, en un fondo de sólo 32 m con grandes dificultades, pero no pudo volver por el mismo camino, siendo descubierto en el intento y sometido a un fuerte ataque con armas ligeras y pequeñas cargas de profundidad, que provocaron su hundimiento. El submarino de Cameron penetró a través de un hueco abierto para el paso de embarcaciones menores, pero varó en un banco de arena. En ese momento fue descubierto por un marinero de guardia en el *Tirpitz*, cuyo testimonio inicialmente no fue tomado en cuenta. Averiado tras la varada, realizó la aproximación en superficie, colocando las cargas con un retardo de una hora en el costado del acorazado. Poco después, tras enredarse en un cable, la tripulación del X 7 fue capturada desde una lancha del propio acorazado en misiones de vigilancia, y sometida a interrogatorio a bordo del barco. Entre la colocación de las cargas de ambos submarinos transcurrieron sólo 15 minutos. Los intentos de los alemanes por recuperar el submarino fueron infructuosos. Estaban a bordo del acorazado los submarinistas británicos aún cuando las cargas explotaron (8 t de amatol en total). Eran las 08:12 h. Una de las cargas explotó a la altura de la torre *Cesar*, a unos siete metros del casco; la otra, a unos cincuenta metros de la proa.

Aunque tras un reconocimiento inicial las cargas no se detectaron, el *Tirpitz* había sido trasladado unos 50 m de su posición anterior, y se habían cerrado las compuertas estancas, lo que redujo considerablemente el efecto de las 8 t de amatol cuando las bombas hicieron explosión. Sólo se abrió una pequeña vía de agua, pero el sistema de transmisión sufrió averías y la dirección de

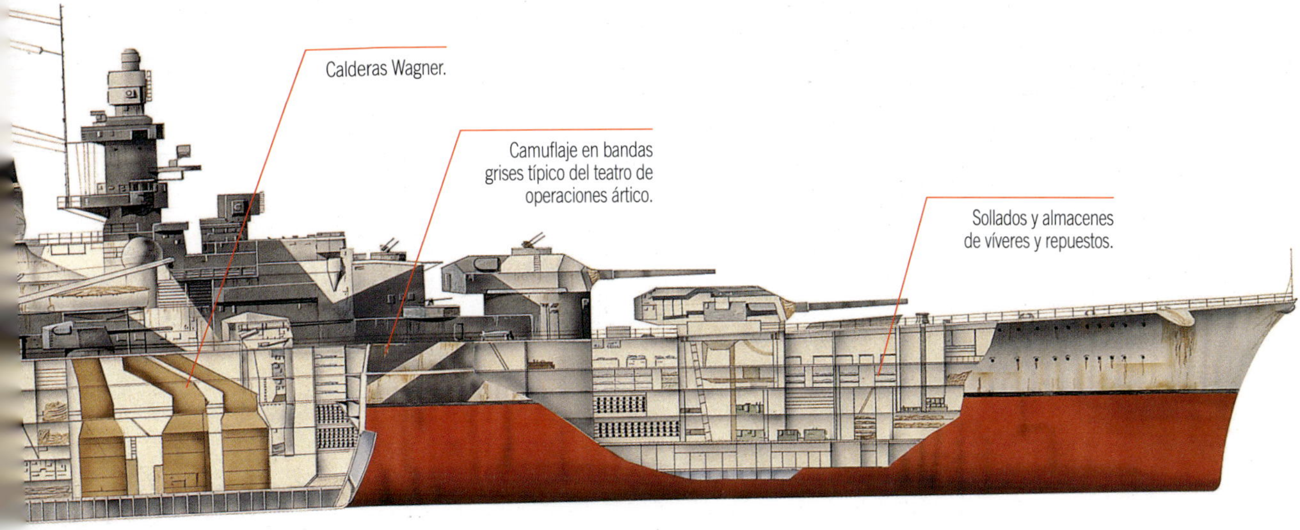

tiro quedó totalmente desajustada. La radio, los hidrófonos y la energía eléctrica principal quedaron fuera de servicio. Las torres *Anton* y *Cesar* se levantaron sobre sus anillos y quedaron desajustadas. Las reparaciones se prolongarían durante seis meses.

Los británicos no tuvieron noticia del éxito de la misión pues todas las dotaciones perecieron o fueron capturadas. Temiendo un ataque similar, y puesto que necesitaba realizar importantes reparaciones, el *Lützow* volvió al Báltico el 23, alcanzando Gotenhafen el 1 de octubre de 1942. Sólo quedaba operativo el *Scharnhorst*, que había alcanzado el teatro de operaciones en medio de una gran tormenta, burlando así el acoso de los británicos.

Los otros submarinos que tomaron parte en el ataque sufrieron una suerte diversa. El X 7, muy averiado, se hundió como resultado de los múltiples impactos recibidos, pereciendo dos de sus tripulantes. El X 5 llegó muy retrasado, cuando las cargas hicieron explosión. A pesar de haber perdido el factor sorpresa, intentó el ataque a ultranza. Pero los vigías alemanes descubrieron su periscopio a unos 500 m de distancia de su objetivo y comenzó a caer sobre el minisubmarino un chaparrón de proyectiles del acorazado.

En pocos momentos recibió varios impactos directos de las piezas de 3,7 y 10, 5 cm tanto del *Tirpitz* como de un bote del vecino destructor Z27 y se hundió con sus cuatro tripulantes. El X 10, finalmente, sufrió una grave avería en su periscopio de ataque, por lo que su comandante decidió, prudentemente, abortar la misión. Recogido horas después por el submarino nodriza, el pequeño buque se perdió en el viaje de regreso en medio de un fuerte temporal.

Aunque el precio había sido alto para las fuerzas atacantes, habían conseguido parcialmente su objetivo, pues el *Tirpitz* estaría fuera de servicio durante un mínimo de seis meses. Los submarinistas supervivientes tuvieron mejor suerte. Tras la sorpresa inicial, Basil Place y Donald Cameron fueron magníficamente tratados a bordo del *Tirpitz*, y ambos sobrevivieron a la guerra, recibiendo sendas Cruces Victoria por su acción.

CAPÍTULO 05

EL TEMIDO "REY SOLITARIO DEL NORTE" A PIQUE

Con el temible acorazado alemán 'Tirpitz' fuera de servicio por lo menos seis meses, los británicos se sintieron seguros, por fin, para reanudar los convoyes y el 15 de noviembre salió el JW54A. Le siguieron el JW54B y el JW55A, que pasaron sin incidencias.

Dönitz, el comandante del arma submarina del III Reich, decidió enviar el crucero de batalla para atacar al siguiente convoy detectado (operación Ostfront). El 22 de diciembre de 1942, un avión divisó el JW55B, escoltado por ocho destructores, tres cruceros pesados (*Belfast, Sheffield* y *Norfolk*) como escolta cercana y una lejana formada por el HMS *Duke of York* (acorazado de 35.000 t, armado con nueve piezas de 14 pulgadas), HMS *Jamaica* (crucero pesado) y cuatro destructores (*Saumarez, Savage, Scorpion* y *Stord*) al mando del almirante Fraser. El convoy estaba compuesto por 19 nuevos mercantes. El día 24, se autorizó la operación Ostfront.

El 25 de diciembre, el U-601 comenzó a seguir al convoy, tras establecer contacto visual, que también fue seguido toda la mañana por un hidroavión de reconocimiento Do-18, el *Scharnhorst,* y cinco destructores (Z29, Z30, Z33, Z34 y Z38), al mando del contraalmirante Erich Bey, salieron en medio de un fuerte temporal del fiordo de Alten. Bey, antiguo comodoro de destructores, probablemente no era el hombre idóneo para la misión, pero el vicealmirante Oskar Kummetz se encontraba en Alemania por órdenes superiores y Bey trasladó precipitadamente su insignia al crucero de batalla.

A las 23:30 h Bey rompió el silencio de radio para exponer las adversas condiciones climatológicas existentes, pero se le insistió en la orden de ataque. A las 23:55 h volvió a insistir en las malas condiciones y se le indicó que, si lo consideraba oportuno, hiciese volver a los destructores y continuase sólo con el *Scharnhorst*, que sí podía aprovechar el fuerte mar. Esta repetida ruptura del radiosilencio fue detectada por los británicos, que notificaron al comandante en jefe de la Flota Metropolitana Británica Fraser su presencia a las 03:20 h. En ese momento, el convoy se encontraba 50 millas al sur de la isla del Oso, la Fuerza 1 a 150 millas al

VIGÍAS EN LA CUBIERTA de una de las grandes unidades de superficie de la 'Kriegsmarine', en la imprescindible, constante y minuciosa vigilancia frente a la aviación aliada.

CRUCERO ALEMÁN 'SCHARNHORST'. Sus 9 cañones de 280 mm, 6 tubos lanzatorpedos y blindaje de 114 mm no bastaron para impedir su hundimiento el 26 de diciembre de 1943.

este y la Fuerza 2 a 350 millas al sudoeste, con los destructores sufriendo a 24 nudos en medio del temporal. En estas circunstancias, se ordenó al vicealmirante Robert Burnett, comandante del convoy, que arrumbara al norte y que sus fuerzas de cobertura convergieran sobre el mismo. La posición del convoy fue radiada al comandante del *Scharnhorst*, Erich Bey, con exactitud desde el U-716. Los británicos, por su parte, debido al programa *Ultra*, tenían en todo momento conocimiento de los movimientos alemanes, que no tenían más remedio que recurrir a la constante comunicación por radio.

A las 07:00 h del día 26, Bey ordenó a los destructores formar un abanico, con un intervalo de 5 millas, con el crucero a unas 10 millas por detrás. El fuerte oleaje obligó a moderar a 10 nudos, pues las pesadas torres dobles proeles de 15 cm de los destructores clase Narvik hacían que éstos embarcasen mucha agua. El cambio de rumbo del convoy impidió su detección por destructores por muy poco.

En cambio, el *Norfolk* detectó por radar el crucero alemán desde 30.000 m a las 08:34 h y la fuerza de cruceros británica comenzó a seguirlo. Éste había efectuado un viraje hacia el norte a las 08:49 h, totalmente ignorante de su detección. La 36ª Flotilla de destructores viró para interponerse entre él y el convoy y a las 09:24 h el *Belfast*, desde 12.000 m, abrió el fuego. Los intentos de iluminar el blanco con proyectiles fracasaron estrepitosamente en los tres cruceros, y recibieron la orden de disparar guiados únicamente por radar, desde ya sólo 9.000 m. Realizaron un total de seis salvas controladas por el radar tipo 284.

La segunda o tercera salva alcanzó al *Scharnhorst*, provocando daños en los radiotelémetros y los puestos de dirección de la artillería secundaria. El crucero de batalla

tendió una cortina de humo y arrumbó al sursudeste a 30 nudos, totalmente sorprendido. Aun consciente de su desventaja frente al tiro británico dirigido por radar, Bey decidió continuar su ataque. El U-277 actualizó la posición del convoy y Bey se dirigió sobre el mismo, seguido poco después por sus destructores. A las 11:00 h recibió un mensaje diciendo que aviones alemanes habían detectado a cinco unidades no identificadas al noroeste del cabo Norte. No se informó sobre la identidad de las mismas, aunque parece que el comandante del *Scharnhorst*, capitán de navío Hintze, sí era consciente de la amenaza que se cernía sobre su buque.

A las 10:19 h, el *Belfast* perdió el contacto radar con el alemán y el vicealmirante Burnett decidió cerrar distancias sobre el convoy. Poco después se le unieron cuatro destructores. Las reservas de combustible del *Duke of York* eran escasas y pronto llegaría un momento crítico. Pero a las 12:10 h el radar del *Sheffield* estableció un nuevo contacto a 25.000 m. El *Scharnhorst*, esta vez prevenido, y habiendo establecido contacto visual a las 12:20 h, se dirigía hacia ellos. Abrió el fuego desde 9.400 m, poco después de los británicos. Esta vez el crucero alemán escapó indemne, tras obtener dos impactos en el *Norfolk*, que le causaron graves averías, y rechazar un ataque de los destructores. También el *Sheffield* sufrió averías menores. A las 12:41 h se rompió el contacto de nuevo.

BEY SE DIO CUENTA DE LO INÚTIL DE PROSEGUIR LA MISIÓN. EL CONVOY SE HALLABA BIEN PROTEGIDO POR AL MENOS CUATRO DESTRUCTORES Y TRES CRUCEROS

Bey se dio cuenta de lo inútil de proseguir la misión. El convoy se hallaba bien protegido por al menos cuatro destructores y tres cruceros, que tendrían todas las ventajas en la inminente noche que se cernía, y había una fuerza no identificada que se aproximaba por el oeste. A las 13:43 h ordenó la retirada a los destructores y estableció rumbo al sur, a 28 nudos. A las 13:06 h había recibido noticias de la presencia de una fuerza no identificada con rumbo noroeste, pero parece que no lo tomó en cuenta.

A las 16:00 h el *Scharnhorst* viró al sur, a 65 millas del cabo Norte. Sus movimientos eran perfectamente rastreados por los radares británicos y el comandante de la flota británica, Bruce Fraser, no tuvo ningún problema para situarse en la mejor posición táctica. A las 16:17 h, el radar tipo 273 del *Duke of York* detectaba al crucero alemán a 41.600 m. Su radar de tiro lo detectó a las 16:32 h, desde 25.000 m, seguido del crucero *Jamaica*. El acorazado inglés arrumbó a 80º para emplear todas sus piezas y el *Belfast* disparó proyectiles iluminantes, mientras los destructores tomaban posiciones de ataque. Comenzaba el capítulo final.

A las 16:49 h, el *Duke of York* rompió el fuego sobre el *Scharnhorst*, ahora perfectamente iluminado, desde 11.000 m. La primera salva consiguió un impacto en la torre *Anton*, inutilizándola. El crucero de batalla cayó a babor, arrumbando al norte, pero sufrió otro impacto que causó gran número de bajas entre el personal de la artillería antiaérea. El *Belfast* y el *Norfolk* se encontraron en el camino del crucero e invirtieron rápidamente el rumbo, al tiempo que comenzaban a disparar sobre él. A las 17:08 h cayó a estribor hacia el este y a 32 nudos comenzó a distanciarse del acorazado británico.

A pesar de recibir varios impactos más, el *Scharnhorst* pronto se distanció unos 20 km del grupo británico, mientras que haciendo fuego con su torre popel y ocasionalmente con la *Bruno*, pues hacía caídas a estribor para incrementar sus bocas de fuego, conseguía varios impactos en el acorazado, aprovechando los claros ocasionales y la perfecta iluminación que los fogonazos británicos proporcionaban de sus propios buques. Un proyectil de 14 pulgadas perforó la tubería de aire comprimido de la torre *Bruno*, inutilizándola; otro destruyó la torre doble número 1 de

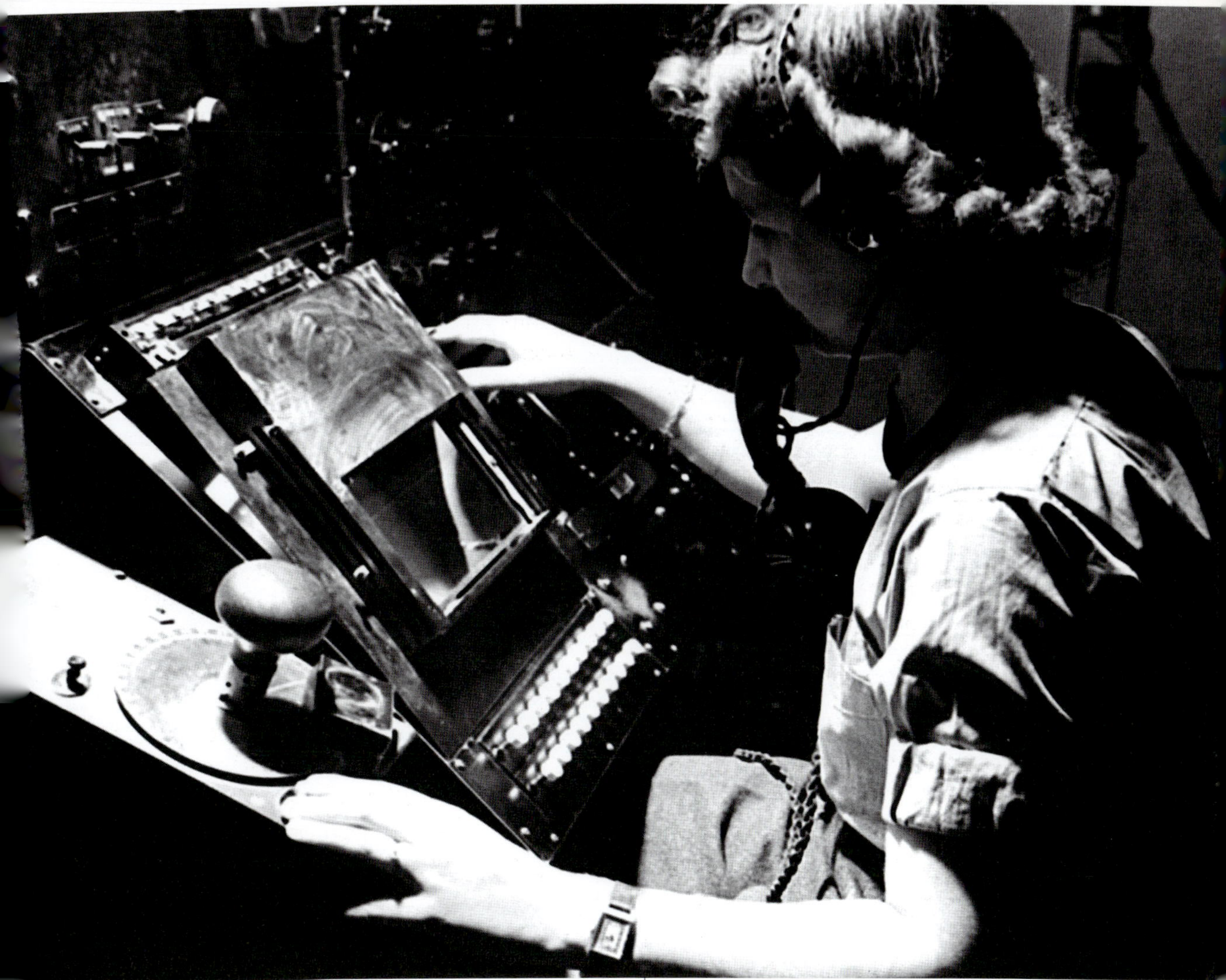

UNO DE LOS MIEMBROS DE LA WAAF ('Women's Auxiliary Air Force', fuerza femenina auxiliar de la aviación) trabajando en la tarea de descriptación y radiolocalización de los mensajes enemigos.

15 cm de estribor. El *Duke of York* realizó repetidos cambios de rumbo para descentrarse pero, a pesar de eso, perdió todas las antenas de radar y radiotelegráficas por los proyectiles de 28 cm. En medio de un mar infernal, a las 18:24 h, tras haber disparado 52 salvas, cesó el fuego. Pero, cinco minutos después, observó un cambio de rumbo del crucero de batalla, que disminuía también su velocidad. ¿Qué había ocurrido?

Uno de los últimos proyectiles de 14 pulgadas alcanzó la cámara de calderas número 1, y la velocidad se redujo rápidamente a 10 nudos. El jefe de máquinas, Konig, consiguió aislar la tubería y la velocidad se incrementó hasta los 22 nudos, pero la suerte ya estaba echada. Desde el puesto de mando, a las 18:24 h, se envió un mensaje al alto mando: "Combatiremos hasta el último proyectil".

Los destructores ingleses pudieron por fin acercarse al crucero de batalla y el *Scorpion* y el *Stord* le lanzaron desde 1.500 m una salva de 16 torpedos. El *Savage* y el *Saumarez* hicieron lo propio seis minutos después, aunque el segundo destructor sufriría graves averías debido a varios impactos de proyectiles de 15 y 10,5 cm de la artillería secundaria y antiaérea. El *Scharnhorst* recibió tres torpedos en la banda de babor y uno en la

UNA DE LAS TORRES DEL CRUCERO pesado alemán 'Prinz Eugen' haciendo fuego durante la carrera por el Canal (operación Rayo Cancerbero), toda una afrenta a la 'Royal Navy'.

de estribor, y su velocidad disminuyó progresivamente hasta unos escasos 5 nudos.

El *Duke of York* y el *Jamaica* abrieron fuego a las 19:00 h, desde poco más de 9.000 m, consiguiendo repetidos impactos. Pese a ello, el *Scharnhorst* continuó haciendo fuego con las torres *Bruno* y *Cesar* hasta agotar la munición de 28 cm, de tal forma que se comenzó a utilizar la que se pudo trasladar desde la torre *Anton*. Los maquinistas consiguieron obtener del sentenciado buque 20 nudos de nuevo, pero a las 19:12 h los cruceros de Burnett se unieron al bombardeo desde 15.000 m. Sólo hacía fuego una torre de 15 cm del crucero de batalla.

ALIOSHA EN MURMANSK, puerto de destino de los convoyes aliados. Escultura en memoria de los caídos soviéticos en la Segunda Guerra Mundial.

La situación en el *Scharnhorst* era atroz. Con múltiples incendios a bordo, sin energía motriz ni eléctrica, escorado a babor y con la proa cada vez más hundida, consiguió no obstante lanzar sus torpedos contra los buques enemigos. Varios torpedos lanzados por el *Jamaica* y el *Belfast* le alcanzaron de nuevo. A las 19:30 h se dio la orden de abandonar el buque. A pesar de que el hundimiento era evidente, los destructores *Musketeer, Oportune* y *Virago* le lanzaron 19 torpedos más desde unos cientos de metros. A las 19:45 h, una enorme explosión estremeció los restos del buque, que puso su quilla al aire, y se hundió poniendo fin a su larga agonía. De los cientos de náufragos que se debatían en las encrespadas aguas, los 13 buques británicos presentes sólo recogieron a 36. Murieron 1.800 tripulantes. Los barcos ingleses habían realizado un derroche tal de munición que, por ejemplo, el *Duke of York* había disparado 446 proyectiles de 14 pulgadas. Más de 55 torpedos, de los cuales al menos 11 hicieron impacto, fueron disparados sobre el crucero de batalla. Todo un testimonio de la solidez del buque.

La pérdida del *Scharnhorst* puede considerarse el epílogo de la *Kriegsmarine* en Noruega. Se repitieron los mismos defectos de siempre. Falta de reconocimiento aéreo adecuado, falta de coordinación con la *Luftwaffe*, condiciones de operatividad extraordinariamente restrictivas por parte del alto mando de la armada y pobre planificación. Un Bv 138 detectó al acorazado británico a las 10:12 h del día 26 de diciembre de 1942 y lo identificó a las 11:40 h, a 150 millas del buque alemán, que no tuvo conocimiento de ello hasta las 13:06 h, cuando su suerte ya estaba echada.

Sólo quedaba el *Tirpitz*, "el rey solitario del norte", que, averiado, no constituía una seria amenaza para los convoyes, pero que, no obstante, infundía miedo en los británicos. Su reparación requeriría su traslado a una de las bases navales, pero, ante la imposibilidad de ello, fue acometida con éxito utilizando recursos de fortuna. Bajo la denominación de operación Paul, cuatro buques de apoyo, el *Neumark*, el *Huascaran*, el *Pernambuco* y el *Monte Rosa*, transportaron el material y los obreros necesarios a lo largo de noviembre. El 15 de marzo el *Tirpitz* ya realizó ejercicios de tiro en Stjernsund y Vargsund y a finales de abril estaba plenamente operativo de nuevo. Durante ese período de reparaciones fue muy vulnerable, pues aparte de la limitada artillería del acorazado sólo había dos viejos buques noruegos para su defensa; pero los británicos no aprovecharon la oportunidad.

Los ataques aéreos se sucedieron. En la noche del 10 al 11 de febrero fue atacado por cuatro bombarderos pesados soviéticos, que no obtuvieron impactos. El 3 de abril de 1944, en el curso de la operación Tungsten, fue atacado por 39 bombarderos Barracuda procedentes de los portaaviones *Furious* y *Victorious* (escoltados por cazas Corsair, Hellcat y Wildcat). Los aviones de la *Luftwaffe* que deberían protegerlo habían sido trasladados a otro lugar. Dos antiguos buques noruegos, transformados en cruceros antiaéreos, así como algunas piezas en tierra le daban protección. Seis cazas realizaron inicialmente un ataque en vuelo rasante para suprimir defensas, tomando por blanco de sus cañones y ametralladoras las defensas antiaéreas ligeras y los puestos de control de tiro.

El ataque constituyó una absoluta sorpresa, pues la detección tuvo lugar tan sólo a unas 80 millas de distancia y la cortina de humo apresuradamente tendida no fue eficaz. A las 06:30 h los Barracuda iniciaron su ataque con bombas de 1.600 y 500 libras, picando hasta lanzarlas desde unos 1.000 m. Obtuvieron cinco impactos directos con bombas perforantes y cuatro con bombas de alto explosivo. Pero ninguna bomba penetró la sólida coraza horizontal y la artillería principal quedó indemne. A las 07:32 h la segunda oleada de 40 aparatos atacó a su vez. Al precio de dos aparatos derribados, obtuvieron cinco nuevos impactos. En este ataque el *Tirpitz* sufrió un total de 122 muertos y 316 heridos entre su dotación. Tenía grandes daños en las estructuras superficiales y en la defensa antiaérea, pero ninguna bomba había penetrado la coraza, de tal forma que su capacidad para navegar estaba indemne, así como su armamento principal. Permaneció tres meses fuera de servicio. Dos nuevos ataques en abril y mayo de 1944 no tuvieron éxito. En julio, ante la agobiante presión aérea, fue trasladado a Kaafjord en el norte de Noruega, que constituía una mucho mejor posición defensiva, desde donde sería capaz de fijar a una considerable fuerza enemiga.

TRAS PERDER UN PORTAAVIONES DE ESCOLTA Y UNA FRAGATA POR ACCIÓN DE LOS SUBMARINOS, LA FUERZA BRITÁNICA EMPRENDIÓ LA RETIRADA

Tres ataques de los bombarderos Barracuda, provenientes de los portaaviones *Formidable*, *Indefatigable* y *Furious* a partir del 17 de julio, no tuvieron éxito, debido a las cortinas de humo y la poderosa defensa antiaérea. En agosto lo volvieron a intentar, pero la intensa defensa antiaérea, a la que incluso se sumaban los cañones de 38 cm, dirigidos desde el exterior del buque, contribuyeron a que el acorazado sólo recibiese dos impactos que no causaron daños. Cinco aparatos fueron derribados y, tras perder un portaaviones de escolta y una fragata por acción de los submarinos, la fuerza británica emprendió la retirada.

El 15 de septiembre de 1944, la RAF lo intentó de nuevo con Lancaster armados con bombas Tallboy de más de 5 t, que

EL ‘CANARIAS’ AL RESCATE DE LOS NÁUFRAGOS DEL ‘BISMARCK’

El 27 de mayo de 1941 el crucero español ‘Canarias’ zarpó de la base naval de Ferrol para participar en el rescate de los posibles supervivientes del acorazado alemán ‘Bismarck’, hundido por la flota británica.

Auxilio español

Excepto en fuentes españolas, rara vez se menciona que el 27 de mayo de 1941 el estado mayor de la *Kriegsmarine*, consciente de la inminente pérdida del *Bismarck*, en pleno combate con los acorazados *Rodney* y *King George V* y los cruceros *Norfolk* y *Dorsetshire*, solicitó auxilio español para rescatar a los posibles supervivientes a través del agregado naval en Madrid, capitán de navío Kurt Meyer-Döhner.

27 de mayo de 1941 10:36 h
Hundimiento del *Bismarck*

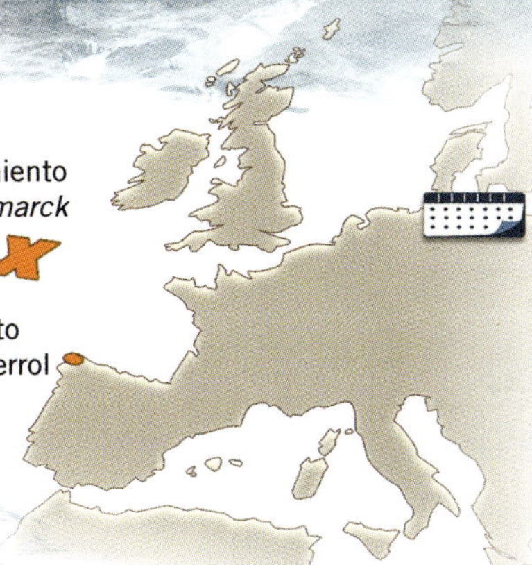

27 de mayo 11:40 h
El crucero *Canarias* zarpó de Ferrol con tan mala mar que el destructor *Gravina*, que debía acompañarlo, tuvo que dar la vuelta.

Crucero *Canarias*

Desplazamiento: **10.000 t**
Dotación: **1.000 hombres**
Armamento: **8 cañones SECN de 203 mm en 4 torres; 8 cañones de 120 mm, 4 por banda**
Dimensiones: **eslora: 193,9 m; manga: 19,52 m**
Blindaje: **cintura: 50 mm; pañoles: 100 mm; torres: 25 mm; cubierta: 25-75 mm**
Velocidad: **33 nudos**

29 de mayo

El *Canarias* llegó a la zona y tan solo consiguió recoger dos cadáveres de la dotación del acorazado, que fueron arrojados al mar el 30 de mayo con honores militares, en la posición 43°46’N 08°34’W. Sin embargo, 116 supervivientes habían sido rescatados por el *Dorsetshire*, el destructor *Maori*, el buque meteorológico *Sachsenwald* y el submarino U-74.

UN BIMOTOR BRITÁNICO BEAUFIGTHER armado con un torpedo. También podía llevar cohetes y bombas y sería un enemigo mortal del tráfico de cabotaje alemán.

volaron desde bases en Rusia. En total 36 aparatos se habían trasladado a Yagodnik, a 20 millas de Arjangelsk, en la costa rusa del mar Blanco. 21 aparatos tomaron parte en el ataque, armados con la Tallboy, y seis con minas JW de 400 libras, frenadas por paracaídas. Un solo impacto en la proa causó graves destrozos y dobló varias cuadernas. Produjo un agujero de 10 x 16 m, por el que entraron 1.000 t de agua. Estos daños eran de tal magnitud que el acorazado debería ser reparado en Alemania, lo que resultaba virtualmente imposible a esas alturas de la guerra. El *Tirpitz* había dejado de ser una amenaza para los convoyes. El 17 de octubre fue trasladado al puerto noruego de Tromso y montado sobre un banco de arena, para actuar como batería flotante. Se emplazó a unas 3 millas de la ciudad, cercano a la isla de Hakoya, dentro del radio de acción de los Lancaster con base en Escocia. El día 29 fue atacado por 32 Lancaster sin efecto, pero el 12 de noviembre 21 bombarderos (de los escuadrones 9 y 617) obtuvieron tres impactos. Desde 4.250 m de altura, los Lancaster tenían, por fin, un blanco claro. Una bomba alcanzó al buque entre las dos catapultas y otras cayeron muy cercanas. La segunda oleada consiguió un impacto en la torre *Dora*, provocando la explosión del pañol de municiones. Al menos dos más perforaron la cubierta acorazada y explotaron en la quilla. Otras cayeron en el lecho de arena sobre el que reposaba. Probablemente embarcó unas 17.000 t de agua y su casco se abrió entre las cuadernas 98 y 132. Una gran explosión, de causa no clara, ocurrió en las cercanías de la torre *Cesar*. Tras alcanzar una escora de 60º, zozobró. Murieron unos 800 hombres de su dotación. El "rey solitario del norte" había dejado de ser una amenaza.

| MÚSICA DEL FRENTE | 1939-1945 |

'TIPPERARY' Y 'LILI MARLEEN', CANCIONES EN TIEMPOS DE GUERRA

Durante la guerra no resultó inusual que las canciones de un bando se hicieran muy populares en el otro, de tal forma que los soldados de todas las nacionalidades (que entendían el idioma) las cantaban. Era el caso de *Lili Marleen* y de *It's a long way to Tipperary*. Esta última era una canción popular irlandesa de antes de la Primera Guerra Mundial y se popularizó durante la misma. En los años treinta y cuarenta no era raro oír a soldados y marineros alemanes cantándola y se hizo famosa cuando Wolfgang Petersen la utilizó en su película *Das Boot* (1980) en boca de los submarinistas alemanes, partiendo para una misión. [R.D.]

It's a long way to Tipperary

It's a long way to Tipperary,
(Hay un largo camino a Tipperary)

It's a long way to go
(Hay un largo camino que recorrer)

It's a long way to Tipperary
(Hay un largo camino a Tipperary)

To the sweetest girl I know!
(A la chica más dulce que conozco)

Goodbye Piccadilly,
(Adiós, Piccadilly)

Farewell Leicester Square!
(Hasta la vista plaza Leicester)

It's a long long way to Tipperary,
(Hay un largo camino a Tipperary)

But my heart lies there
(Pero mi corazón yace allí)

FOTOGRAMA DE LA PELÍCULA 'LILI MARLEEN' (1981), de Fassbinder, con Hanna Schygulla interpretando la famosa canción que se haría internacional, al igual que 'Tipperary'.

CAPÍTULO **06**

LOS U-BOOTE PONEN EN JAQUE A LA 'ROYAL NAVY'

Durante la Gran Guerra, el arma submarina alemana había estado a punto de conseguir su objetivo de estrangular a Gran Bretaña en el año 1917, causando tal impresión que una de las cláusulas del tratado de Versalles prohibía a Alemania la posesión de submarinos.

En 1922 los alemanes, tratando de encontrar una forma de burlar las restricciones del tratado de Versalles, comenzaron una actividad secreta para desarrollar nuevos submarinos, en base a las experiencias de la guerra, recurriendo a compañías-tapadera, la principal de las cuales se estableció en La Haya. Pocos años después comenzó la construcción de varios prototipos en Finlandia y se firmaron varios contratos para fabricar unidades para la propia Finlandia, Turquía y España. Las futuras dotaciones de los U-Boote utilizaron estos submarinos durante largo tiempo, antes de ser entregados a sus compradores, para realizar intensos ejercicios de entrenamiento y, en poco tiempo, los astilleros alemanes ya estaban construyendo unidades para su venta en el extranjero. En 1933 se creó en Kiel la Escuela de Guerra Antisubmarina, cuyo programa era, por supuesto, el contrario al que su nombre sugería.

Con la llegada al poder de Hitler comenzó una nueva etapa en las relaciones internacionales alemanas que llevó, en 1935, a la modificación del tratado de Versalles, permitiendo a la futura *Kriegsmarine* poseer un arma submarina con un volumen que no superase el 45 % de la británica, aunque susceptible de ser incrementada por mutuo acuerdo.

El U-1, perteneciente al tipo IIA, fue botado el 15 de junio de 1935 en Kiel. Era un pequeño sumergible con un desplazamiento de 250 t, con base en el Vesikko finlandés, apto para operar en aguas costeras, y muy pronto fue seguido por otras cinco unidades. Oficialmente, estas unidades pertenecían a la Flotilla de entrenamiento, pero tres unidades del tipo IIB fueron encuadradas, el 27 de marzo de 1935, en la Flotilla Weddigen, formada en Kiel, siendo su primer comandante Karl Dönitz.

Las tres unidades que componían la flotilla, U-7, U-8 y U-9, se verían pronto

EL COMANDANTE WOLFGANG LÜTH regresa tras una travesía de 205 días con su U-Boot tipo IX. Es recibido por el capitán de navío Hans Rudolf Rösing, jefe de la base naval de U-Boote de Burdeos, en 1943. El número que aparece en la torre indica las toneladas de buques hundidos durante su viaje.

acompañadas por otras unidades, hasta completar una docena en 1936. Pero estas unidades tenían una capacidad operativa muy limitada y tras varios proyectos intermedios pronto se vieron complementadas y superadas por un nuevo diseño, muy robusto y maniobrero, con capacidad oceánica, el tipo VII, que, en diferentes modelos, se convertiría en el caballo de batalla del arma submarina alemana durante la Segunda Guerra Mundial. Fue el utilizado por la mayoría de los ases alemanes y en los años inmediatamente precedentes al comienzo de la guerra se sucedieron los ejercicios y se desarrollaron las futuras tácticas, fruto, en gran parte, de la experiencia adquirida en la Gran Guerra y en no poca medida por la del propio Dönitz, él mismo un antiguo submarinista.

LA PRESTIGIOSA INSIGNIA de los submarinistas alemanes que tantos barcos hundieron.

Los submarinos con los que Alemania comenzó la Segunda Guerra Mundial pertenecían a dos tipos fundamentales, el tipo VII y el tipo IX.

El tipo VII se convertiría en el más emblemático de la Segunda Guerra Mundial, y los grandes ases conseguirían sus mayores éxitos con él. Los primeros modelos entraron en servicio en junio de 1936 y pronto se desarrollaron variantes y se aplicaron mejoras, hasta obtener un total de siete versiones. Aunque el tipo VII no tenía ninguna característica extraordinaria, era una nave muy equilibrada, que conjugaba perfectamente todas las características que debía tener un submarino de ataque, de ahí su éxito. También resultaban relativamente baratos y rápidos de construir y su dotación era reducida. El único inconveniente serio era su escasa habitabilidad y las duras condiciones de vida para la dotación. Por el contrario, su reducido desplazamiento permitió, dados los tratados internacionales en vigor, construir un elevado número de sumergibles. Se construirían un total de 709 unidades entre todas las variantes, convirtiéndolo en el modelo de submarino más numeroso de la historia.

Su construcción era muy robusta, de casco simple (el de presión era también el externo), y podía descender hasta unos 180-200 m. Los tanques de lastre estaban situados a ambos lados del casco de presión y los de combustible en el interior del mismo. El desplazamiento en superficie era de 750 t, y en inmersión de 850 t. La eslora era de 67 m, y la manga de 6,2 m. Podían alcanzar una velocidad máxima en superficie de 17 nudos y de 8 en inmersión. La dotación la formaban 44 hombres. Su armamento consistía en cuatro tubos lanzatorpedos de 53,3 cm en proa y uno en popa. Como armamento de superficie, originalmente, contaban con un cañón de 8,8 cm y uno antiaéreo de 2 cm, que pronto sería reforzado.

UN SUBMARINO ALEMÁN TIPO VII atracado en un puerto antes de la guerra. Los llamativos numerales de las torres serían eliminados a los pocos meses de iniciado el conflicto.

36

LA VÍCTIMA: un petrolero aliado ardiendo, en una imagen captada momentos antes de hundirse tras ser alcanzado por los torpedos de uno de los U-Boote de Dönitz.

Tras los diez primeros modelos del tipo VIIA, comenzó la producción del tipo VIIB, versión mejorada, con una autonomía de 6.500 millas (90 en inmersión), mejor maniobrabilidad gracias al doble timón, mayor carga de torpedos (14), y mayor velocidad en superficie. Este modelo, del que se construyeron 24 unidades, fue seguido por el VIIC, muy similar, pero equipado con un sónar (S-Gerät), por lo que el casco tuvo que ser alargado unos 60 cm. Fue la versión más numerosa y se construyeron un total de 577 unidades.

Como respuesta a las nuevas amenazas constituidas por las armas antisubmarinas británicas, se proyectó el modelo VIIC/41, del que se construyeron 88 ejemplares. Podía descender hasta 250 m de profundidad, gracias a un casco más grueso.

El tipo IX se diseñó con el objetivo de utilizarse como submarino oceánico de gran autonomía y, eventualmente, servir de mando táctico de una "manada de lobos" (constituida fundamentalmente por los tipo VII), misión que dejó de tener sentido cuando las operaciones pudieron dirigirse desde la costa francesa. Eran naves de gran autonomía, capaces de operar en aguas tan lejanas como el océano Índico y el Pacífico, durante largos períodos, para lo que contaban con una gran dotación de torpedos y víveres.

Su aparato motor consistía en motores diésel de nueve cilindros, situados más al centro que en los tipo VII, para conservar el equilibrio, debido a su mayor peso. Tenía capacidad para albergar diez torpedos de

SUBMARINO

U-BOOT TIPO IXB

Los oceánicos del tipo IX se concibieron para operar lejos de sus bases. El precio pagado por su mayor habitabilidad y autonomía era un tiempo de inmersión superior al tipo VII. **Dotación:** 48. **Desplazamiento (superf./sumerg.):** 1.050/1.200 t. **V. máx. (superf./sumerg.):** 18,2/7,3 nudos. **Armamento:** 6 tubos lanzatorpedos de 533 mm. **Autonomía (sup.):** 8.000 m.

reserva en contenedores externos. Su armamento consistía en cuatro tubos lanzatorpedos en proa y dos en popa, con un total de 22 torpedos. El armamento externo originalmente consistía en un cañón de 10,5 cm y un antiaéreo de 3,7 cm, pero este último pronto fue potenciado. Se construyeron más de 200 unidades, en siete variantes.

Los tipos IXA y IXB fueron las primeras versiones y se construyeron un total de 22 unidades entre ambas, a partir de 1938 (el primero fue el U-37). Desplazaban unas 1.050 t en superficie y casi 1.200 t en inmersión. Su eslora era de 76 m y su manga de 6,8 m. Su velocidad máxima era de 18,2 nudos en superficie y de 7,3 en inmersión. Podían descender a una cota de 200 m y su autonomía era de algo más de 8.000 millas en superficie y de unas 70 en inmersión. La dotación la componían 48 hombres. Se construyeron 50 unidades del tipo IXC, con mayor capacidad de combustible y una autonomía de 11.000 millas. Del subtipo IXC/40 se construyeron 87 unidades, con una autonomía de 11.400 millas.

El tipo IXD fue el mayor, en un intento de incrementar la velocidad y la autonomía. Puesto que no podían conseguirse ambos objetivos en la misma nave se desarrollaron dos subversiones, la D1, con una velocidad de casi 21 nudos en superficie, pero una autonomía inferior a las 10.000 millas, y la D2, con la increíble autonomía de 23.700 millas. Desplazaban 1.600 t en superficie y 1.800 t en inmersión. Su eslora era de 87,6 m y su manga de 7,5 m. La dotación era de 55-57 hombres. Ambos modelos estaban equipados con un autogiro Focke Achgelis, para mejorar su capacidad de reconocimiento en superficie.

En conjunto, los tipo IX resultaron naves muy bien diseñadas y construidas, que lograron notables éxitos. Su mayor volumen mejoraba considerablemente las condiciones de la dotación, aunque a costa de incrementar el tiempo de inmersión y disminuir su maniobrabilidad.

Al comienzo de las hostilidades, el 1 de septiembre de 1939, el comandante del arma submarina, Karl Dönitz, contaba con un total de 57 unidades, pero sólo 27 tenían

capacidad oceánica. Sus pretensiones iniciales habían sido de 300 unidades, que él consideraba necesarias para conseguir estrangular a Gran Bretaña, aislándola por mar. Realmente, sólo un tercio de las unidades disponibles podría estar operativo a la vez, pues otro tercio estaría yendo o volviendo del teatro de operaciones y el tercio restante realizando misiones de adiestramiento de dotaciones o sufriendo reparaciones o trabajos de mantenimiento en las bases. Por ello, al comienzo de la guerra, apenas siete u ocho unidades podían considerarse con verdadera capacidad operativa a la vez. Pero estos escasos sumergibles conseguirían bien pronto éxitos importantes.

Las primeras patrullas de guerra se saldaron con diversos hundimientos, pero también evidenciaron repetidos fallos en los torpedos, que no serían definitivamente corregidos hasta años más tarde y que salvarían a numerosas unidades aliadas de ser hundidas, suponiendo un duro golpe a la moral de los submarinistas. En esos momentos, aún no se

SUBMARINO TIPO VII. El cañón de proa sería reemplazado con el tiempo por un armamento antiaéreo más poderoso.

EN LA CÁMARA DE CONTROL DE UN U-BOOT, un joven marino maneja los mandos que controlan la profundidad. Los controles de dirección se encuentran a la izquierda.

había adoptado la táctica de los convoyes y los submarinos atacaban a blancos aislados, especialmente en el golfo de Vizcaya y al oeste del canal de Irlanda. Además de los mercantes, una de las primeras víctimas más sonadas fue el portaaviones británico HMS *Courageous*, hundido por el U-29. Pero sería el comandante del submarino Günter Prien, con el U-47, el que haría historia, al penetrar en la rada de Scapa Flow y hundir al HMS *Royal Oak*.

En abril de 1940, la campaña de Noruega requirió el esfuerzo de casi todos los U-Boote operativos. La campaña de Francia supuso un punto de inflexión, pues sustrajo gran parte de los escoltas aliados, que se dedicaron a patrullar el canal de la Mancha, descuidando la protección del tráfico mercante y de los primeros convoyes, permitiendo así a los U-Boote la obtención de notables éxitos. Además, en esta fase de la guerra, los escoltas aliados aún no resultaban muy eficaces. A finales de año, casi 500 mercantes habían resultado hundidos (con más de dos millones de toneladas de registro bruto, y, entre ellos, el enorme *Empress of Britain*, de 42.000 t) a un precio de 22 submarinos perdidos.

A partir de junio de 1940, Dönitz pudo tener a su disposición la extensa costa noruega y, sobre todo, la francesa en las que pudo instalar las bases para los U-Boote, que verían así aumentada su operatividad de forma notable. Su autonomía se veía muy incrementada, pero además evitaban el paso por zonas embudo para dirigirse a su zona de operaciones. En esa época comenzó a utilizarse también el nuevo torpedo G7e, de propulsión eléctrica, muy difícil de detectar. El BdU fue transferido a Francia, y se instaló en Kernével, cerca de Lorient. Comenzó la construcción de varias bases de submarinos, con refugios de hormigón, invulnerables a las mayores bombas aliadas, en Lorient, Saint-Nazaire, Brest y La Pallice (La Rochelle).

Una de las mayores carencias de los U-Boote a lo largo de la guerra fue la de un reconocimiento aéreo adecuado, en parte debido a la negativa del comandante supremo de la aviación Hermann Goering a desprenderse de sus aviones y a la inadecuada cooperación entre *Luftwaffe* y *Kriegsmarine*. Sólo se logró, durante un cierto tiempo, que entre una y tres escuadrillas de Fw 200 Condor operasen, en misiones de reconocimiento de gran alcance y ataque al tráfico, desde Mérignac (Burdeos). De haber contado con la colaboración aérea necesaria, los resultados de los U-Boote podían haber sido bien diferentes.

EL SUBMARINO U-47 PROFANA LA INEXPUGNABLE SCAPA FLOW

Cuando el U-47, al mando del comandante Günter Prien, forzó la base naval británica de Scapa Flow, en las Orcadas y hundió al acorazado 'Royal Oak', entró en la leyenda. Uno de los bastiones inviolables del Reino Unido había caído.

Proeza para los nazis

Günter Prien logró hundir un acorazado británico de 30.000 toneladas y regresar indemne. De la noche a la mañana se había convertido en un héroe para los alemanes. Para los británicos supuso una gran humillación, además de una pérdida material y de vidas humanas.

HMS 'ROYAL OAK'
(Clase Royal Sovereign)
Desplazamiento: **31.000 t**
Dotación: **920 hombres**
Armamento principal: **8 cañones de 380 mm**
14 cañones de 152 mm
Blindaje: **cintura: 330 mm**
torres: 330 mm
cubierta: 25 + 25 mm
Velocidad: **23 nudos**

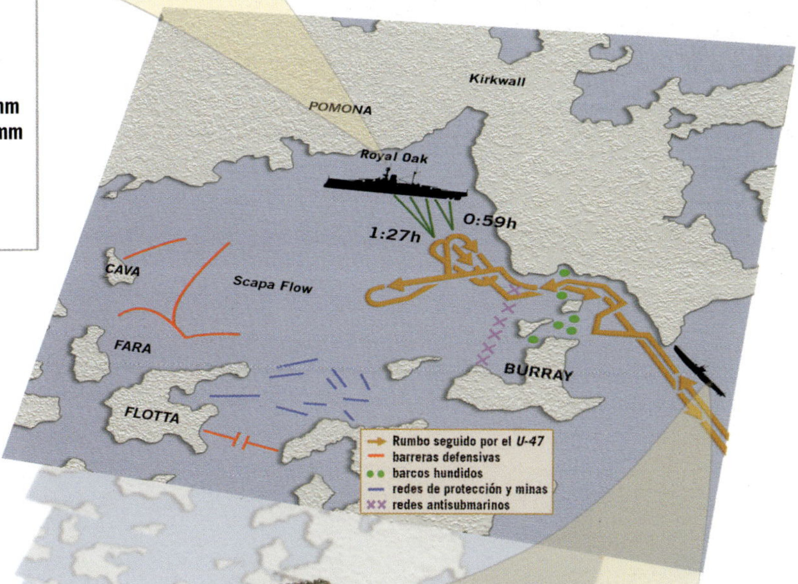

Cronología

23 de noviembre de 1914
El U-18 hundido al intentar entrar en Scapa Flow

28 de octubre de 1918
UB-116 hundido al intentar entrar en Scapa Flow

1 de octubre de 1939
Dönitz encarga a Prien estudiar un ataque a la base

2 de noviembre de 1939
Prien recibe la orden de realizar el ataque

8 de noviembre de 1939
El U-47 sale de Kiel

13 de noviembre de 1939
04:37 h: el U-47 se posa en el fondo, ante Scapa Flow
19:05 h: el U-47 sale a la superficie
23:00 h: el U-47 entra en el Kirk Sound

14 de noviembre de 1939
00:27 h: el U-47 está en la rada de Scapa Flow
01:04 h: Prien dispara la primera salva
01:16 h: Prien dispara la segunda salva
01:33 h: el ***Royal Oak*** se hunde con 823 tripulantes
02:15 h: el U-47 sale de Scapa Flow

17 de noviembre de 1939
El U-47 llega a Wilhelmshaven

U-47 (tipo VII B)
Desplazamiento: **770 t (superficie)**
1.070 t (sumergido)
Dotación: **44 hombres**
Armamento: **5 cañones de 533 mm**
1 cañón de 88 mm
1 cañón de 20 mm
Velocidad: **17 nudos (superficie)**
8 nudos (sumergido)

Riesgo

El U-47 logró forzar la entrada de la base naval británica sita en las islas Orcadas, misión que había sido la última de otros submarinos en la Gran Guerra. Las fuertes corrientes hacían la empresa muy peligrosa.

CAPÍTULO 07

ESTADOS UNIDOS ENTRA EN LA BATALLA DEL ATLÁNTICO

El segundo semestre de 1940 constituyó lo que los submarinistas denominaron "tiempos felices". El número de unidades operativas se había incrementado, los comandantes y las dotaciones eran ya veteranas y los medios antisubmarinos dejaban aún mucho que desear.

La táctica de "manada de lobos" comenzó a rendir sus dividendos de forma espectacular, a pesar de que el número de U-Boote apenas se había incrementado, pues la producción de los astilleros alemanes no estaba a la altura de las necesidades. Nunca hubo más de quince unidades operativas a la vez.

La táctica de la "manada de lobos" consistía, básicamente, en utilizar grupos de sumergibles que batían en superficie una gran extensión de mar en búsqueda de los convoyes enemigos, a manera de un rastrillo gigante, en permanente contacto con el centro de operaciones. En éste convergía toda la información obtenida no sólo de los submarinos sino de las emisiones de radio interceptadas, informes de aviación, otras unidades de superficie, espionaje, etc. Cuando uno de los U-Boote detectaba su objetivo, señalaba la composición, ruta, velocidad y situación del mismo, para que el mando dirigiese a los otros sumergibles al punto de intercepción más adecuado.

UN BOMBARDERO PB4Y LIBERATOR EN 1943: Su largo radio de acción y potente carga bélica convirtió a estos aviones en un eficaz enemigo para los mortíferos U-Boote.

Mientras, el sumergible que hizo el avistamiento mantendría el contacto, transmitiendo novedades, sin dejarse detectar (de ahí la importancia de una reducida silueta y un tamaño contenido). Cuando varias unidades estaban en las proximidades, se pasaba al ataque, preferiblemente de noche y en superficie, tratando de infiltrarse en el interior del convoy, pues, dadas las características de los escoltas, era la mejor manera de burlarlos y causar el mayor daño posible. El asdic (*Allied Submarine Detection Investigation Committee*, equipo de detección activa, precursor del sónar) era inútil contra un submarino navegando en superficie, y los escoltas, además de no contar aún con radar, apenas igualaban la velocidad de los submarinos utilizando los motores diésel en la superficie.

¿Con qué armas contaban los submarinos? Fundamentalmente, con dos tipos, los torpedos y el armamento de superficie, a los que a continuación nos referiremos.

Si los torpedos alemanes hubiesen funcionado correctamente al principio de la guerra, la *Royal Navy* y la marina mercante británica hubiesen resultado diezmadas. Pero no fue así debido a fallos en las espoletas magnéticas, que no serían subsanados hasta 1943, y a defectos en el sistema de profundidad y dirección, que se pudieron corregir antes.

El torpedo común de los submarinos alemanes era el G7a, de 53,3 cm de diámetro, calibre estándar de los tubos lanzatorpedos de los submarinos y la mayoría de las unidades de superficie. Pesaba 1.528 kg y tenía una carga explosiva de unos 300 kg. Propulsado por aire comprimido, podía recorrer 6 km a 44 nudos, o bien 8 km a 40 nudos, o

CÁMARA DE TORPEDOS DE PROA DE UN SUBMARINO ALEMÁN. En un agobiante espacio de tan exiguas dimensiones convivían torpedos, dotación y víveres durante meses.

hasta 14 km a 30 nudos. Disponía de espoletas magnéticas (muy poco fiables inicialmente) que, cuando funcionaban, detonaban debajo del casco del blanco, con unos resultados devastadores; o de contacto, que fueron las más utilizadas durante los primeros años.

Se construyó una variante de propulsión eléctrica, el G7e, que tenía la ventaja de no dejar el típico rastro de burbujas, haciéndolo virtualmente indetectable hasta que alcanzaba el blanco, pero que tenía una velocidad muy inferior y sólo podía recorrer un máximo de 5 km a 30 nudos.

Además de estos modelos básicos, se desarrollaron otros más especializados, entre los que destaca el torpedo acústico T5 Zaunkönig 1, el FAT (*Federapparat*) y el LUT (*Lage Unabhängiger Torpedo*). El LUT era muy sofisticado y complicado, requería gran habilidad para su manejo y sólo fue utilizado en las últimas fases de la guerra, consiguiendo algunos éxitos en las costas francesas. Además de los torpedos, los submarinos podían lanzar desde sus tubos diversos tipos de minas.

Aunque el arma principal del submarino durante la Segunda Guerra Mundial fue el torpedo, se les dotó de armamento para ser empleado en superficie, tanto en misión antibuque como antiaérea.

Las unidades del tipo VII estaban originalmente armadas con un cañón de 8,8 cm SKC/35. La pieza era movida totalmente a mano, su precisión no era muy alta, y el alcance eficaz real era muy inferior al teórico. Los submarinos del tipo IX estaban armados con una pieza de 10,5 cm SKC/32, que también artillaba a unidades menores de la *Kriegsmarine*. Las dotaciones de estas piezas iban muy expuestas y no sólo al fuego enemigo sino al propio mar.

Debían manejar sus cañones sobre una plataforma en movimiento, con frecuencia barrida por las olas, con una visibilidad muy escasa y, preferiblemente, enganchados mediante un arnés a la barandilla para evitar caer al mar. Evidentemente no eran las mejores condiciones para los artilleros. Además, carecían de telémetro y debían utilizar puntería local. A lo largo de la guerra, la mayoría de estas piezas serían eliminadas, pues no era posible utilizarlas eficazmente y, además, empeoraban la navegación en inmersión y los hacía más ruidosos.

El armamento antiaéreo, escaso al inicio de la guerra, fue incrementándose a lo largo de la misma, como respuesta a la superioridad aérea aliada, que se convirtió en el principal enemigo del submarino. El arma más común a lo largo de la guerra sería el cañón de 2 cm Flak 38, que sería utilizado tanto en montajes simples, dobles, como cuádruples (*Flakvierling*, una de las mejores armas antiaéreas de la guerra).

A LO LARGO DE 1940, LOS SUBMARINOS ALEMANES LOGRARON HUNDIR UNA MEDIA DE CASI 400.000 TONELADAS POR MES

Un arma más pesada, introducida a lo largo de la guerra, como defensa frente a los grandes aviones Liberator y Sunderland fue el cañón de 3,7 cm Flak M42, tanto en montajes simples como dobles. Las torretas de los submarinos (denominadas "velas") serían progresivamente adaptadas para albergar este mayor componente antiaéreo, hasta convertirse en los denominados "invernaderos".

El año 1940 acabó con unas estremecedoras cifras para los aliados, con casi cuatro millones de toneladas de buques hundidos, entre submarinos (la mayor parte), unidades de superficie, aviones y minas. Fue la época dorada de los ases alemanes. Por ejemplo, a finales de septiembre, hundieron 11 mercantes del convoy HX-72, y 14 del HX-79, al mes siguiente. El comandante Joachim Schepke, al mando del U-100, hundió siete barcos en una sola noche, y repitió esta hazaña en noviembre. En el mes de octubre entró en servicio el tipo VIIC, el más emblemático de los U-Boote, con ciertas mejoras sobre sus predecesores. A lo largo del año, los submarinos alemanes lograron hundir una media de casi 400.000 t por mes. Estaban ganando la guerra.

En 1941 las condiciones se endurecieron para los U-Boote. Seguían sin resolver el problema de la detección de los convoyes de forma adecuada y en marzo, Churchill, consciente del peligro que la guerra submarina representaba, emitió una directiva para dar prioridad a lo que se denominó la "batalla del Atlántico".

El mes de marzo fue dramático para los submarinistas. El día 7 el U-47 del comandante Günter Prien fue hundido, con toda su dotación, por el destructor HMS *Wolverine*. Una semana después, Schepke pereció al ser embestido el U-100 por el HMS *Vanoc*, dotado de radar. Y esa misma noche, tras haber hundido a cinco mercantes, el U-99 de Otto Kretschmer fue hundido por el HMS *Walker*. Fue una semana negra para el arma submarina alemana, que perdió a tres de sus ases más emblemáticos. Pero la mayor catástrofe acontecería el 9 de mayo, cuando el U-110 fue capturado, con graves averías.

LAS BANDERAS ONDEANDO SOBRE LA VELA (torreta) del submarino indican el número de barcos hundidos. La victoriosa dotación disfruta de un momento de relax.

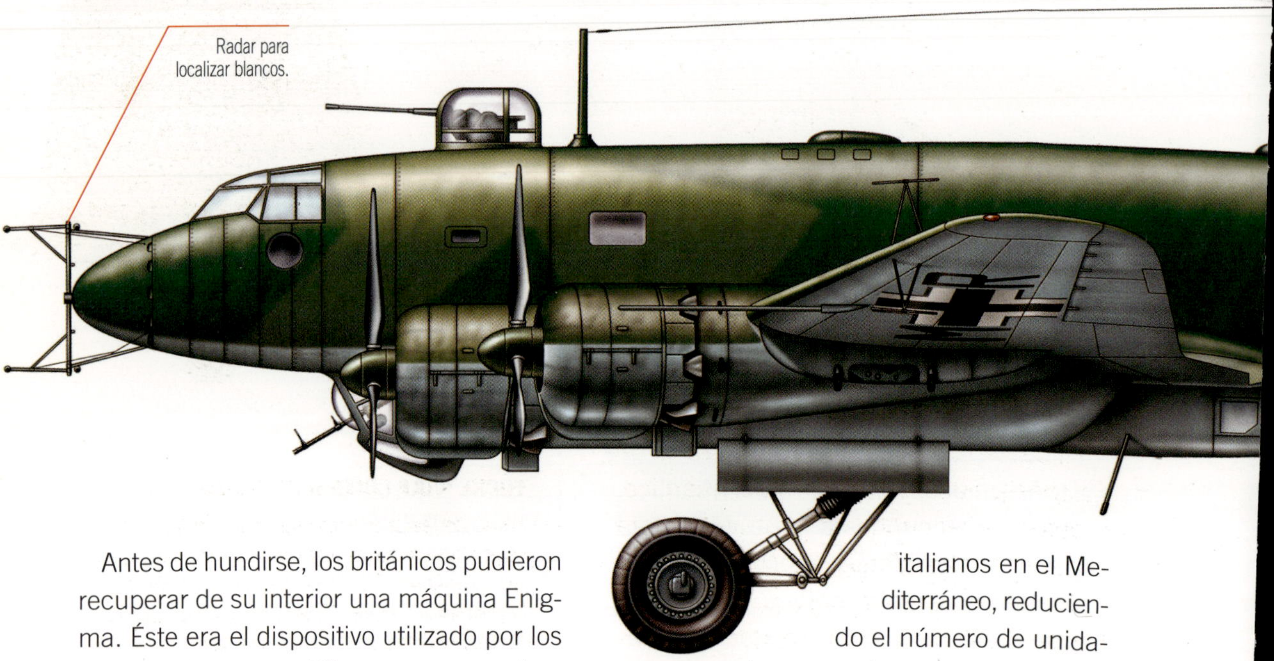

Antes de hundirse, los británicos pudieron recuperar de su interior una máquina Enigma. Éste era el dispositivo utilizado por los alemanes para codificar sus mensajes. Pronto los aliados pudieron descifrar los códigos alemanes, sin que éstos fueran conscientes de ello, hecho que contribuiría en gran medida a la victoria aliada. Bien pronto, nueve naves de abastecimiento de submarinos fueron destruidas por los aliados, en base a la decodificación de los mensajes cifrados, dificultando las operaciones de los submarinos. Para empeorar la situación, los aviones aliados comenzaron a operar desde bases establecidas en Islandia y Terranova, barriendo de esta forma una buena parte del Atlántico Norte.

El número de U-Boote operativos a lo largo del año nunca superó, en un momento dado, las 36 unidades. A pesar del cambio de circunstancias, los éxitos continuaron. El 28 de agosto de 1941, trece submarinos atacaron al convoy SC-42, desbordando a los escoltas y hundiendo 20 mercantes.

En septiembre se extendió la zona de operaciones, al acudir en ayuda de los agobiados italianos en el Mediterráneo, reduciendo el número de unidades operativas en el Atlántico. Este escenario no sería especialmente fructífero en cuanto a hundimientos de mercantes se refiere y sí sería, en cambio, muy peligroso para los U-Boote. La cercanía de las costas hacía que el riesgo de ser detectado por aviones fuera mucho más elevado que en el Atlántico y, con frecuencia, no había posibilidad de realizar inmersiones muy profundas.

El calor podía resultar agobiante y las dotaciones se veían forzadas a pasar largos períodos en el interior de la nave, navegando en inmersión, a la espera de la llegada de la noche para poder, con mucho cuidado, salir a la superficie, encender los motores diésel para recargar las baterías y abrir las escotillas para renovar el viciado aire. No obstante, a pesar de estas condiciones, los submarinos alemanes se apuntarían en el Mediterráneo dos éxitos espectaculares contra la *Royal Navy*. El U-81 hundió al portaaviones HMS *Ark Royal*, mientras que el U-331 mandó al bentos al acorazado HMS *Barham*.

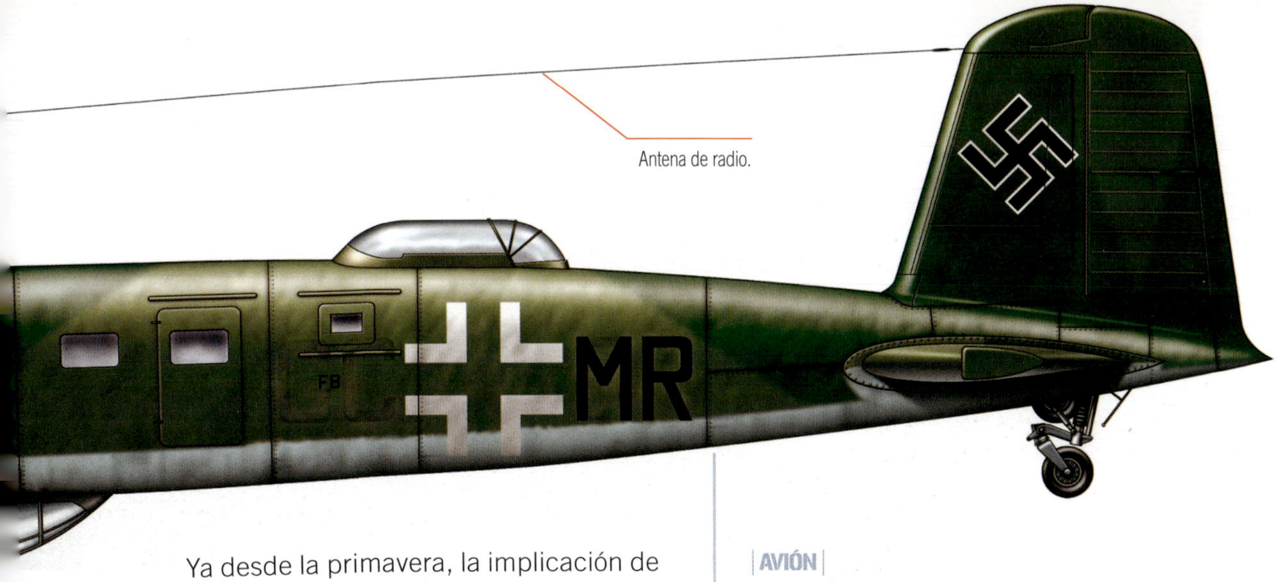

Ya desde la primavera, la implicación de Estados Unidos en la batalla del Atlántico, a pesar de su supuesta neutralidad, era cada vez más evidente. Además de las 50 unidades de escolta provenientes de la Ley de Préstamo y Arriendo, que supusieron un gran respiro para la *Royal Navy*, la creación de bases aéreas en Groenlandia y las Bermudas y la utilización de los astilleros americanos para reparar las unidades británicas, los buques de la US *Navy* comenzaron a escoltar a los convoyes en el Atlántico Occidental. Los incidentes con los U-Boote serían inevitables, hasta concluir con el hundimiento del destructor norteamericano *Reuben James* por parte del U-552.

La *Kriegsmarine*, contra la opinión de Dönitz, que era partidario de concentrar sus esfuerzos en un escenario concreto, envió varios U-Boote al Atlántico Central, donde obtuvieron cierto éxito. También se enviaron submarinos del tipo IX, de gran radio de acción, a las aguas africanas. Todo esto contribuía a que los aliados tuviesen que destinar muchas unidades a la defensa de sus rutas, pero también impedía la concentración de los submarinos en la zona donde más daño podían hacer.

AVIÓN

FOCKE WULF CONDOR FW 200C4

Los cóndor realizaron extensas patrullas para localizar blancos para los submarinos y atacar los convoyes, de tal forma que Churchill los denominó "el azote del Atlántico". **Tripulación:** 5-7. **Motor:** 4 BMW Bramo 323 de 1.065 CV. **V. máx.:** 360 km/h. **Armamento:** 7 ametralladoras de 7,92 y 13 mm y 3 t de bombas. **Techo de servicio:** 6.000 m.

Para detectar sus blancos, el submarino disponía de diversos dispositivos, tanto acústicos, como visuales y electrónicos. Entre los acústicos, los primeros utilizados fueron los hidrófonos que permitían detectar a un buque desde 20 km y a un convoy desde 100 km. Asimismo, se instalaron sonares activos, similares al asdic, denominados S-Gerät, en la proa, para obtener el mejor sector de rastreo disponible, con un alcance de unos 4 km.

Los periscopios eran una parte fundamental en un submarino. En general se montaban dos, uno de observación y uno de ataque, que no podían ser utilizados por encima de cinco nudos de velocidad. En 1940 comenzaron a instalarse los primeros modelos de radar que fueron progresivamente mejorados. El radar veía mermada su eficacia debido a la baja instalación que permitía la

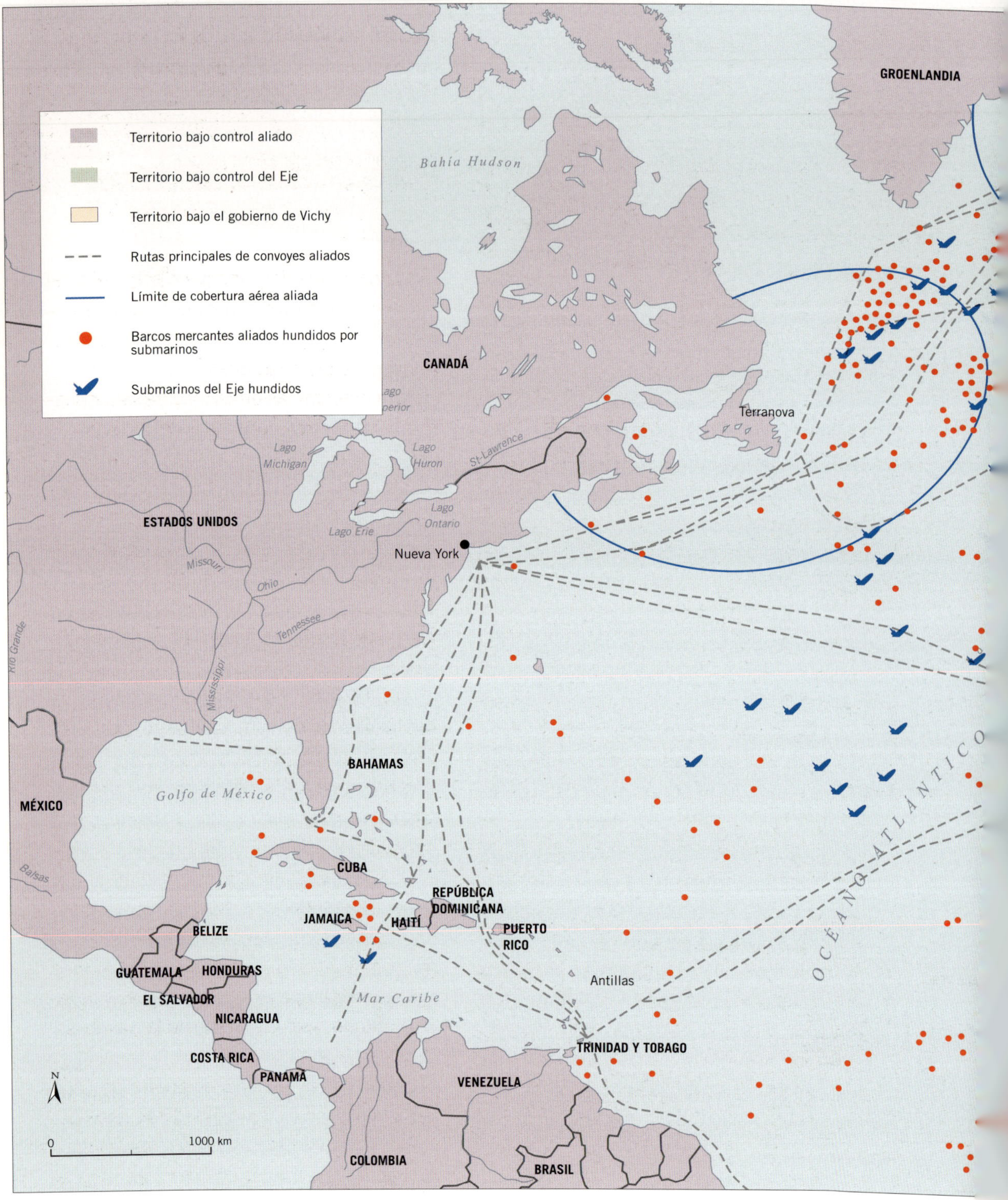

Territorio bajo control aliado
Territorio bajo control del Eje
Territorio bajo el gobierno de Vichy
Rutas principales de convoyes aliados
Límite de cobertura aérea aliada
Barcos mercantes aliados hundidos por submarinos
Submarinos del Eje hundidos
GROENLANDIA
Bahía Hudson
CANADÁ
Terranova
Lago Michigan
Lago Huron
St-Lawrence
Lago Ontario
Lago Erie
ESTADOS UNIDOS
Nueva York
Missouri
Ohio
Tennessee
Mississippi
Río Grande
MÉXICO
Golfo de México
Balsas
BAHAMAS
CUBA
JAMAICA
HAITÍ
REPÚBLICA DOMINICANA
PUERTO RICO
Antillas
BELIZE
GUATEMALA
HONDURAS
EL SALVADOR
NICARAGUA
COSTA RICA
PANAMÁ
Mar Caribe
TRINIDAD Y TOBAGO
VENEZUELA
COLOMBIA
BRASIL
OCÉANO ATLÁNTICO
N
0
1000 km

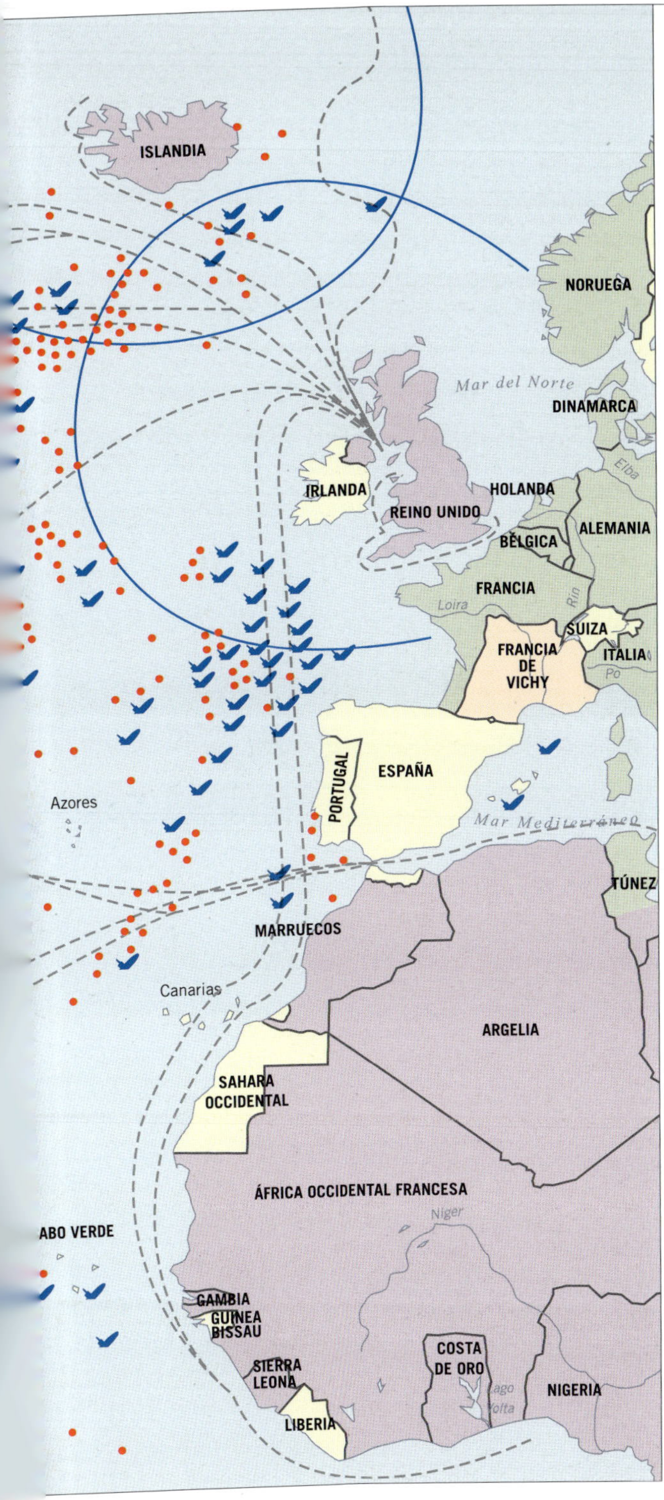

BATALLA DEL ATLÁNTICO III (de V a IX de 1943)

La contienda se decantó definitivamente del lado aliado. La 'Kriegsmarine' no tuvo nada que hacer frente al trabajo coordinado de británicos, canadienses y americanos, que aseguraron las rutas atlánticas, mejoraron la detección de submarinos mediante el sónar y el radar, y perfeccionaron el lanzamiento de cargas de profundidad.

reducida silueta del submarino sobre el nivel del mar, que propiciaba muchas interferencias en la detección de blancos navales, aunque no así de aviones.

Para detectar las emisiones de radar aliadas y poder ser consciente el U-Boot de que estaba siendo localizado, a partir de julio de 1942 se instaló un dispositivo denominado Metox, aunque no detectaba los radares centimétricos. No sería hasta la introducción del Naxos, en noviembre de 1943, que los U-Boote dispondrían de un medio para detectar todas las posibles emisiones de radar aliadas.

Los U-Boote podían recibir mensajes de radio emitidos en onda muy larga, de 15-20 MHz, mediante equipos Telefunken, desde potentísimos emisores en tierra, mientras estaban sumergidos, lo que les permitía una mayor flexibilidad operativa.

En 1941, 432 mercantes, con más de dos millones de toneladas, fueron hundidos por los submarinos, al precio de 34 submarinos, incluido el U-570, capturado. Los tiempos felices habían pasado y aunque aún llegarían muchos éxitos el signo de la batalla estaba cambiando.

Con la entrada formal en guerra de Estados Unidos, en diciembre de 1941, se abrieron nuevas perspectivas operativas para los U-Boote. Seis unidades fueron enviadas a

| **EMANCIPACIÓN FEMENINA** | 1931-1945 |

EL PAPEL DE LA MUJER EN EL III REICH CAMBIÓ CON LA GUERRA

JÓVENES ALEMANAS DE LA JUVENTUD HITLERIANA formadas revisando su equipo durante una estancia en una colonia de vacaciones en los Alpes bávaros.

Hasta 1930 los líderes del partido nazi ni siquiera se habían preocupado por captar a las mujeres como votantes y hubo que esperar a 1931 para que quedara constituida la sección femenina del partido, la *NS-Frauenschaft* (Agrupación de Mujeres Nacionalsocialistas). Esta organización desarrolló funciones eminentemente formativas, orientando a las mujeres en la educación de sus hijos y el cuidado del hogar, sin descuidar la difusión de los principios básicos del nazismo. Aunque en 1939 contaba ya con casi tres millones de afiliadas, la *NS-Frauenschaft* desempeñó en la vida política del país un papel muy secundario. Gertrud Scholtz-Klink, que estuvo al frente de la organización desde 1934, nunca tuvo reparos en mantener que la auténtica vocación de la mujer había de ser el cuidado del hogar y de los hijos, a pesar de que existió una facción de la *NS-Frauenschaft* que abanderó posturas más feministas, siendo tolerada benévolamente para ser utilizada como escaparate de la vertiente más revolucionaria y moderna del partido.

No obstante, todo cambió al estallar la contienda. Al ser reclamados por las fuerzas armadas millones de trabajadores masculinos, las mujeres tuvieron que hacerse cargo de muchas de las tareas que hasta hacía poco les estaban casi vedadas, compaginando su vida profesional con la familiar. Fábricas, oficinas administrativas, comercios y granjas se poblaron de trabajadoras que desempeñaron su labor con tanta eficiencia como sus maridos y novios, lográndose año tras año incrementar los índices de productividad de ciertos sectores estratégicos, empezando por la propia industria armamentística.

Hay que tener en cuenta que durante la guerra en Alemania dos de cada tres mujeres trabajadoras eran madres, por lo que hubo que habilitar diversos programas de guardería y apoyo en la realización de tareas domésticas, para lo que se contó con el inestimable apoyo de las niñas de la *Bund Deutscher Mädel* (Liga Femenina de Jóvenes). Paralelamente, muchas mujeres acudieron voluntarias o se vieron obligadas a emplear una parte de su tiempo en la realización de diversos servicios sociales para la comunidad. Dichos servicios, coordinados por la *NS-Frauenschaft*, permitieron hacer más llevadera la vida a los ciudadanos y mantuvieron en funcionamiento Alemania a pesar de los rigores impuestos por la contienda, que se agravaron con los bombardeos aéreos y el creciente racionamiento de productos de primera necesidad.

aguas americanas y, tras una travesía de cinco semanas, comenzaron a actuar ante la ingenuidad e imprudencia de los norteamericanos, que sólo comenzaron a utilizar el sistema de convoyes a partir del mayo de 1942. Hasta ese momento, los U-Boote hundirían más de tres millones de toneladas en esas aguas, cifras que, aunque enormes, representaban la mitad de las estimaciones de Dönitz. Para apoyar las operaciones en esas aguas, entraron en acción las primeras cinco unidades del tipo XIV, también denominadas "vacas lecheras", grandes submarinos destinados a abastecer a sus compañeros tanto de torpedos, como de víveres y combustible.

En el mes de enero, los submarinos hundieron 25 mercantes en las costas estadounidenses, actuando con total impunidad. El aumento de las unidades en servicio logró

Por otra parte, fueron muchísimas las chicas sin hijos requeridas para prestar en las fuerzas armadas servicios auxiliares de tipo burocrático, sanitario y de comunicaciones. Muchas debieron incluso desplazarse a los países ocupados, desarrollando una importante labor que permitió que muchos hombres fueran liberados de estas tareas para empuñar las armas. Lo que no permitieron nunca las autoridades nazis fue que las mujeres combatieran, pues lo consideraban "un grave error que entraba en contradicción con la educación y la naturaleza de la mujer alemana". [G.T.]

que la cifra de hundimientos en el Atlántico se incrementara hasta alcanzar la cifra récord de 273 barcos con 834.000 t en el mes de marzo.

Los norteamericanos lograron, poco a poco, poner a punto sus sistemas de defensa, de tal forma que Dönitz desplazó la zona de operaciones en aguas americanas hacia el Caribe y el golfo de México, logrando alcanzar casi los dos millones de toneladas de barcos hundidos en los meses de mayo y junio. En ese momento, había más de 70 submarinos operativos, de un total de casi 300 unidades en servicio. Las construcciones de buques mercantes no lograban compensar los hundimientos y se estaba aproximando una crisis. En esas circunstancias, en el mes de agosto de 1942, se desencadenó una nueva y decisiva ofensiva de los U-Boote en el Atlántico Norte.

LOS BUQUES DE ESCOLTA FRENTE A LOS U-BOOTE

A lo largo de la batalla del Atlántico, se entabló un duelo a muerte entre los submarinos y los escoltas. Éstos contaban con una gran variedad de medios de detección y ataque, aunque el elemento que marcó la diferencia fue la aviación.

Hudson
Dotación: **4 hombres**
Armamento: **4 ametralladoras de 7,62 mm**
750 kg de bombas o cargas de profundidad
Velocidad: **420 km/h**
Autonomía: **1.500 km**
Techo de servicio: **8.200 m**

B-24 Liberator
Dotación: **12 hombres**
Armamento: **14 ametralladoras de 12,7 mm**
2.250 kg de bombas o cargas de profundidad
Velocidad: **480 km/h**
Autonomía: **3.380 km**

Los portaaviones
Al ser usados de escolta, eliminaron el problema de las brechas en el Atlántico e hicieron que los submarinos no pudieran sentirse seguros en ningún lugar.

Flota aérea
Los aviones como el Hudson llevaron el peso de la lucha antisubmarina al principio de la guerra, pero tenían muchas limitaciones.

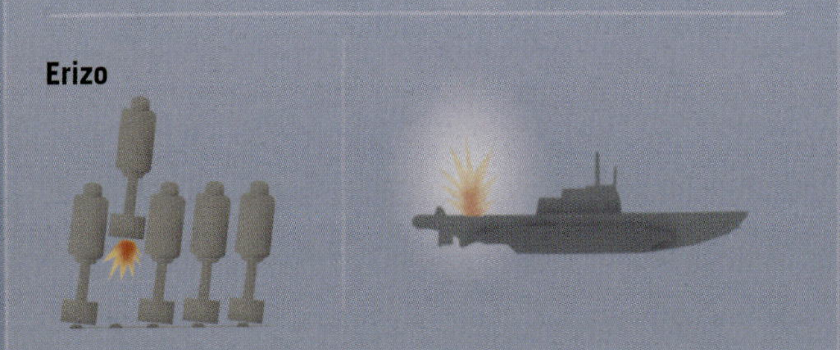

Los buques de escolta
Eran pequeños, marineros y dotados de una gran variedad de armas antisubmarinas, entre las que se encontraban las cargas de profundidad, los erizos (*hedgehog*) y el Squid.

Portaaviones de escolta
Desplazamiento: **8.000 t**
Dotación: **600 hombres**
Armamento: **entre 2 y 3 cañones de 102 mm**
entre 15 y 20 cañon de 20 mm
entre 15 y 20 avione
Velocidad: **18 nudos**
Autonomía: **13.000 millas**

Debilidad
El asdic, precursor del sónar, tenía muchas limitaciones y el submarino tenía bastantes posibilidades de burlarlo.

Avances tecnológicos
La aparición del Sunderland y, sobre todo, del Liberator, con su gran autonomía, radar centimétrico y pesada carga de bombas y cargas de profundidad inclinaron la balanza del lado aliado.

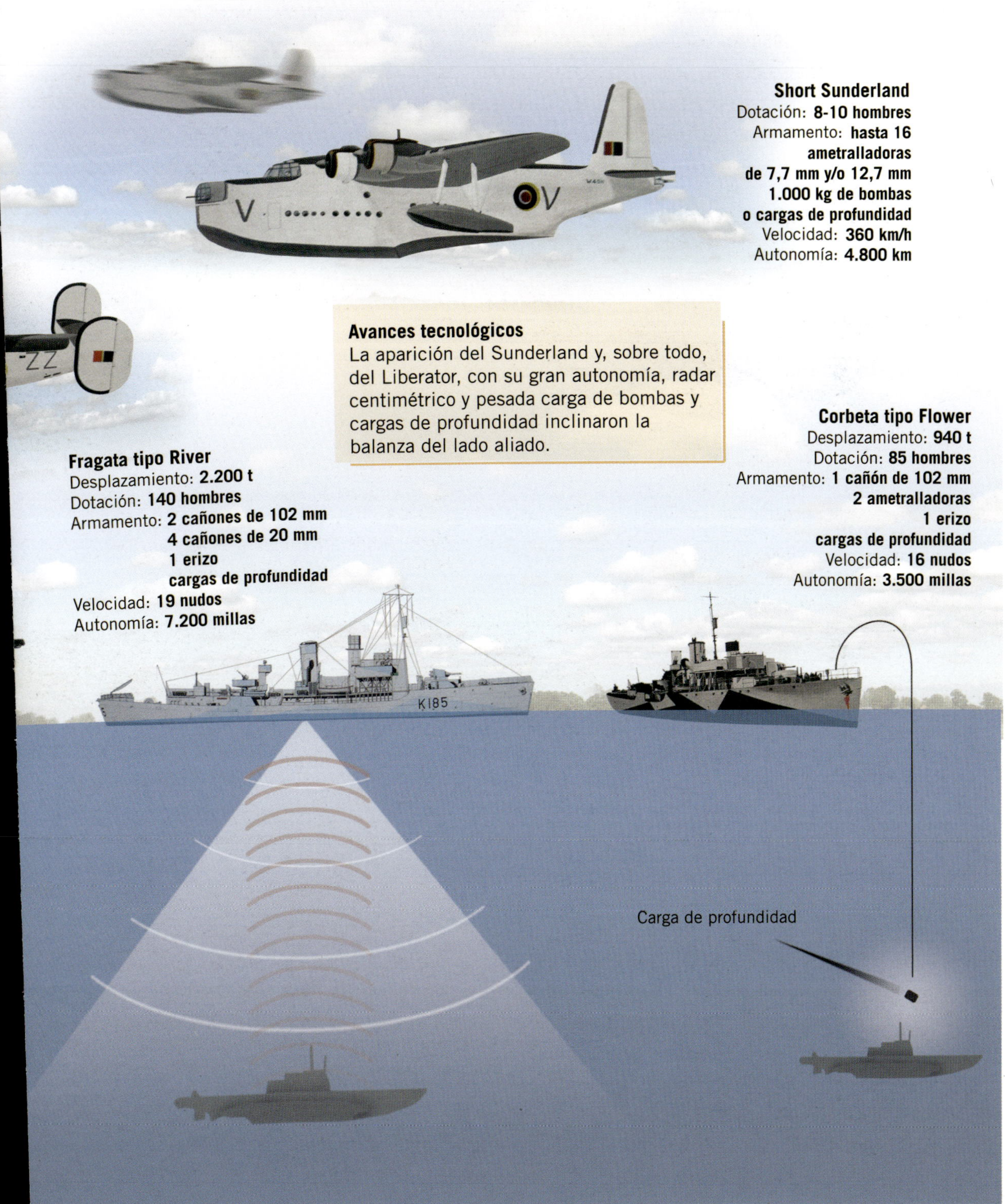

CAPÍTULO 08

LOS RADARES, DECISIVOS PARA LA DERROTA DE LOS ALEMANES

En mayo de 1941 el número de submarinos operativos alcanzó la cifra récord de 124 unidades y un mes después llegó casi a las 150. Los U-Boote se concentraban en zonas poco batidas por la aviación y rastreaban las posibles rutas de los convoyes.

El número de escoltas para los seis convoyes mensuales era aún insuficiente y las pérdidas entre los mercantes se incrementaron de forma alarmante. A finales del año, sólo los submarinos habían dado cuenta de más de 1.150 buques, con más de seis millones de toneladas, pero sus propias pérdidas habían sido de 86 unidades. Las pérdidas en mercantes superaban la capacidad de los astilleros para reponerlas. El comandante supremo del arma submarina alemana, Karl Dönitz, estimaba en 600.000 t mensuales hundidas la cifra con la que podría ganar la batalla. Los sumergibles alemanes se estaban beneficiando de la subsanación de los defectos en las espoletas de los torpedos, que habían constituido una pesadilla durante los primeros años de la guerra, así como de los nuevos modelos de torpedos en servicio.

UN DESTRUCTOR DE ESCOLTA NORTEAMERICANO ataca con cargas de profundidad un submarino alemán en aguas territoriales estadounidenses en 1943.

Se trabajó mucho en proteger a los submarinos en sus bases y fruto de ello fueron los enormes y eficaces búnkeres para submarinos. Con la ocupación de Noruega y Francia los U-Boote pudieron aprovechar nuevas bases que les acercarían más a sus zonas de operaciones en el Atlántico (Bergen, Trondheim, Brest, Lorient, Saint-Nazaire, La Pallice y Burdeos), pero que, a la vez, quedaban dentro del radio de acción de los bombarderos con base en el Reino Unido. De forma similar a lo ya probado, con gran éxito, en Brujas durante la Gran Guerra, la *Kriesgsmarine* comenzó, en la primavera de 1941, la construcción de grandes refugios de hormigón armado para sus submarinos en las nuevas bases de la costa atlántica, para preservarlos de los cada vez más continuos ataques de la RAF.

A partir de 1943, ante la utilización, por parte de la RAF, de nuevas bombas gigantes, se reforzaron las construcciones con unos techos que llegaron a alcanzar un espesor de 7 m y, en algunos casos, con varias capas de hormigón separadas por cámaras de aire, que se revelarían virtualmente invulnerables,

CARGANDO BOMBAS a bordo de un bombardero B-24 Liberator, antes de salir para una de las largas misiones de patrulla sobre el Atlántico, en 1943.

incluso ante el ataque de las bombas terremoto Tallboy, de 5 t, y las Grand Slam, de 10 t.

Además de acoger las celdas para los submarinos, estas masivas estructuras albergaba todo tipo de almacenes, talleres de reparaciones, generadores, unidades de comunicaciones, cuarteles y hospitales, haciéndolas autosuficientes. Sólo las municiones y los torpedos, por motivos de seguridad, se almacenaban en refugios separados. Se construyeron dos tipos básicos de celdas, "secas" y "húmedas". Las primeras podían vaciarse de agua y hacían las funciones de un auténtico dique seco, para acometer todo tipo de reparaciones en la nave. El extremo de las celdas se cerraba por medio de grandes puertas blindadas, de hasta un metro de espesor.

Además de su propia solidez estructural, que constituía la base de su fortaleza, estos grandes búnkeres contaban con una poderosa defensa antiaérea, tanto de defensa de punto como en las proximidades. En conjunto, estas formidables estructuras constituyeron un éxito defensivo, y permitieron a los submarinos disponer de refugios adecuados, invulnerables al poder aéreo aliado.

En el mes de junio de 1942 los U-Boote comenzaron a operar al sur del ecuador, llegaron hasta el golfo de Adén y se establecieron bases en lugares tan remotos como Penang (Malaysia), beneficiándose de la alianza con Japón.

Los aliados, por su parte, no permanecían pasivos. A los adelantos técnicos como el radar, se unieron la aparición de nuevos y potentes explosivos (como el Torpex), el uso de los "erizos", el gran desarrollo de los aviones antisubmarinos, dotados de radar y potentes proyectores y los portaaviones antisubmarinos. Además, se crearon grupos de apoyo dedicados específicamente a la lucha antisubmarina de forma ofensiva, no meramente defensiva.

¿Cuáles eran los medios antisubmarinos con que contaron los aliados a lo largo de la guerra? Se pueden dividir en medios de detección y de ataque. Dentro de los primeros, se encuentran el asdic, un precursor del sónar, los hidrófonos y el radar. Los hidrófonos consistían en elementos de escucha pasiva para detectar tanto el ruido de los motores como la cavitación de las hélices. Eran muy poco eficaces contra un submarino que navegase en inmersión y sólo utilizase los motores eléctricos, así que prácticamente sólo podían detectar a los submarinos en superficie.

El asdic, dispositivo que utilizaba los ultrasonidos para detectar objetos bajo el agua, había sido desarrollado durante la Gran Guerra y se tenían puestas muchas esperanzas en él, pero demostró tener muchas limitaciones. En primer lugar, era ineficaz contra un submarino en superficie, táctica preferida por los alemanes para atacar los convoyes de noche. En segundo lugar, su eficacia se veía muy limitada por la diferente densidad de las aguas, y pronto los submarinistas aprendieron a navegar aprovechando las capas térmicas presentes a diferentes profundidades para evadir el asdic. Además, al ser un dispositivo activo, inmediatamente anunciaba su presencia al submarino. Otro inconveniente era que cuando estaba muy próximo al submarino dejaba de detectarlo, momentos que el U-Boot podía aprovechar para un cambio de rumbo decisivo para la evasión.

MORTEROS DE ESPIGA ANTISUBMARINOS con la característica configuración del 'Hedgehog' (erizo).

El radar sí revolucionó la lucha antisubmarina. Especialmente los pequeños equipos que pudieron ser instalados a bordo de los aviones y, sobre todo, el radar centimétrico, inmune al Metox, que era capaz de detectar un submarino que navegase en superficie desde 20 millas, un *snorkel* (tubo para aprovisionamiento de aire y expulsión de los gases de combustión) desde tres millas y un periscopio desde una milla. Dentro de los sistemas de detección hay que incluir también la *Leigh* (luz), un proyector de gran intensidad lumínica, instalado en los aviones, que se utilizaba para iluminar un submarino sorprendido de noche en superficie antes de atacarlo, tras ser rastreado con el radar.

Una vez detectado y localizado el submarino, para atacarlo, los escoltas disponían de un numeroso arsenal, cada vez más eficaz y letal. El principal armamento antisubmarino del que disponía un buque de escolta era la carga de profundidad. En su forma más primitiva, consistía en un cilindro cargado con entre 150 y 300 kg de explosivo (inicialmente TNT y posteriormente Torpex), regulado para detonar a una profundidad predeterminada. Hacia el final de la guerra se diseñaron detonadores que actuaban al detectar el campo magnético del submarino.

Para que causara daños no era necesario el contacto contra el submarino, pues a tres metros de su objetivo la explosión de una carga bastaba para destruirlo. En un radio de diez metros podía causar graves daños y el efecto acumulativo de varias cargas podía mandar a un submarino al fondo o forzarlo a emerger.

Entre sus inconvenientes, se encontraba el que, tras la explosión, la enorme turbulencia provocada inutilizaba el asdic durante varios minutos. Otro problema era que no había forma de saber el daño causado, y, puesto que una carga tardaba entre 25 y 75 segundos en explotar, dependiendo de la profundidad, el U-Boot tenía, en teoría, ocasión de evadirse.

En 1944 entró en servicio el Squid, dispositivo que lanzaba tres cargas a la vez, de forma triangular alrededor del objetivo, con el objeto de que las tres detonaciones simultáneas potenciasen sus efectos.

El erizo (*Hedgehog* o *Anti-Submarine Projector*) consistía en un conjunto de morteros de espiga, instalados en la proa de la nave, que lanzaban 24 pequeñas cargas de unos 30 kg simultáneamente. Aunque sólo

LAS BASES DE LOS U-BOOTE: PODEROSAS ESTRUCTURAS DE PROTECCIÓN

Se construyeron unos enormes complejos protegidos por un espeso blindaje de hormigón armado en la costa atlántica y en las principales bases de Alemania, para proteger a los submarinos de los potentes ataques aéreos.

Las bases
No sólo servían de protección a los sumergibles, sino que en su interior se llevaban a cabo labores de mantenimiento y reparación, a salvo de la aviación aliada.

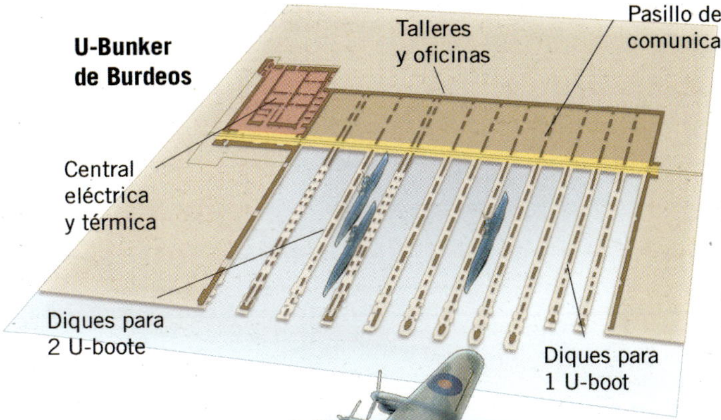

La defensa antiaérea
Era muy potente. En Lorient se instalaron más de 200 cañones de 20 mm, así como numerosas baterías de 75 mm, 88 mm, 105 mm y 128 mm.

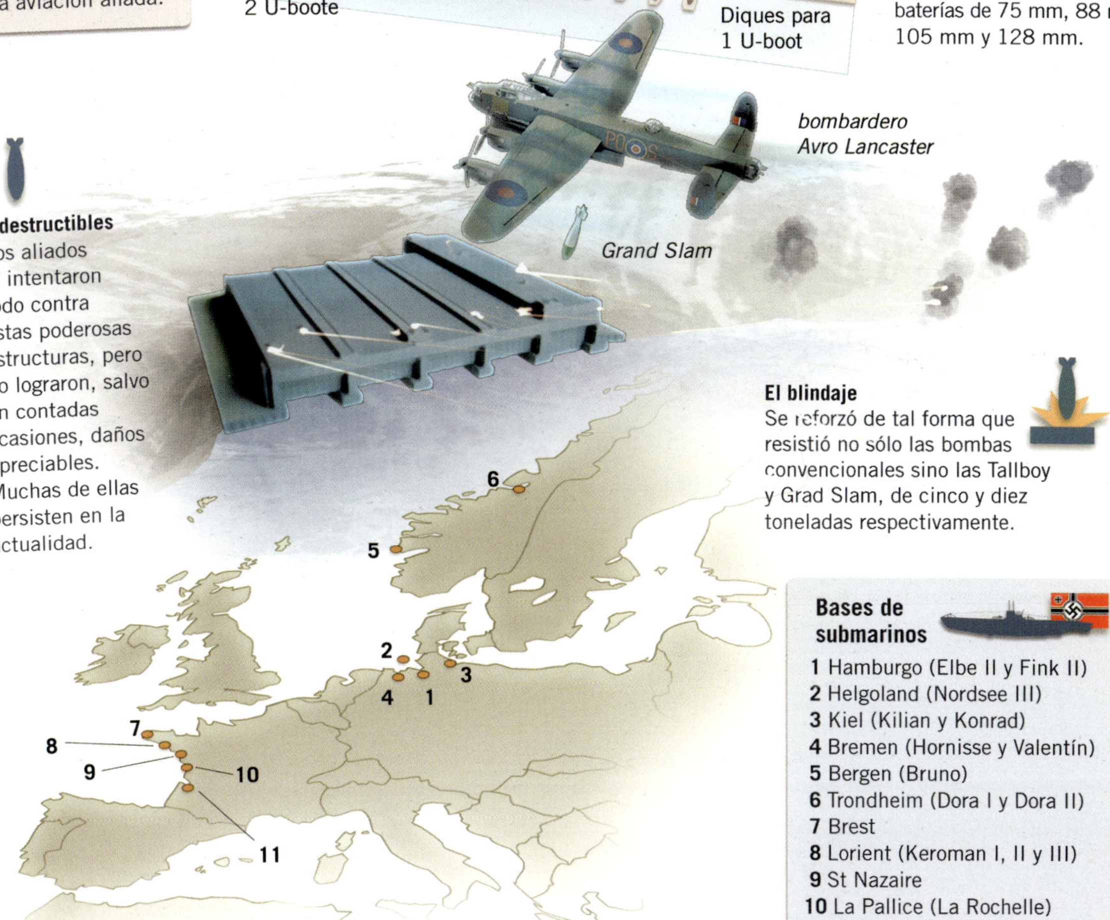

Indestructibles
Los aliados lo intentaron todo contra estas poderosas estructuras, pero no lograron, salvo en contadas ocasiones, daños apreciables. Muchas de ellas persisten en la actualidad.

El blindaje
Se reforzó de tal forma que resistió no sólo las bombas convencionales sino las Tallboy y Grad Slam, de cinco y diez toneladas respectivamente.

Bases de submarinos

1 Hamburgo (Elbe II y Fink II)
2 Helgoland (Nordsee III)
3 Kiel (Kilian y Konrad)
4 Bremen (Hornisse y Valentín)
5 Bergen (Bruno)
6 Trondheim (Dora I y Dora II)
7 Brest
8 Lorient (Keroman I, II y III)
9 St Nazaire
10 La Pallice (La Rochelle)
11 Burdeos

explotaban si conseguían un impacto directo, uno sólo de ellos solía ser suficiente para hundir al submarino. Tenía un alcance de unos 200 m, y, a diferencia de las cargas de profundidad, no producían turbulencias que interfiriesen con los hidrófonos. En conjunto, la eficacia del erizo fue unas cuatro veces superior a la de las cargas de profundidad.

La mayor parte de los escoltas estaban artillados con una o varias piezas de 4 o 4,7 pulgadas, para atacar a los submarinos en superficie, pero, en conjunto, resultaron poco eficaces, pues el blanco era muy pequeño y una corbeta o una fragata, buques inestables con medios limitados de control de fuego, no constituían plataformas artilleras adecuadas. Las armas ligeras, como los Bofors de 40 mm y los Oerlikon de 20 mm, además de servir como arma antiaérea, sí podían utilizarse contra submarinos en superficie desde muy corta distancia.

PARA ADAPTARSE A LAS NUEVAS NECESIDADES QUE LAS GRANDES UNIDADES DE ESCOLTA NO PODÍAN SOLVENTAR, SE DESARROLLÓ UN NUEVO TIPO DE NAVE DE ESCOLTA

Para adaptarse a las nuevas necesidades que las grandes unidades de escolta no podían solventar, se desarrolló un nuevo tipo de nave de escolta, que se haría muy popular, la corbeta o fragata antisubmarina.

El modelo más numeroso fue, probablemente, la corbeta clase Flower (267 unidades construidas) de 940 toneladas de desplazamiento y una velocidad máxima de 16 nudos. Con muchos componentes utilizados por los pesqueros y mercantes, los marineros civiles se adaptaron rápidamente a ellas. Tenía una dotación de 85 hombres y su armamento consistía en un cañón de cuatro pulgadas, varias ametralladoras y cañones automáticos, un erizo y varios lanzacargas. Su equipo de detección consistía en un radar tipo 271, un asdic y un radiolocalizador, además, de los hidrófonos.

Otro modelo muy numeroso fue la fragata clase River, de las que se construyeron 151 unidades. Desplazaba 2.200 t y tenía una eslora de 92 m, casi 30 más que una Flower. Su velocidad máxima era de 19 nudos y su dotación de unos 115 hombres. Tenía un número mayor de cañones automáticos y dos Squid en lugar de los erizos.

No obstante, el mayor enemigo de los U-Boote estuvo representado por la aviación, tanto con base en tierra como en portaaviones y, eventualmente, en mercantes adaptados. La aparición de los portaaviones de escolta proporcionó a los convoyes y a los grupos Hunter-Killer el vector adecuado para transportar aviones en misiones antisubmarinas. Entre los numerosos aparatos que operaron desde ellos destacan el Swordfish, el Wildcat y el poderoso Avenger.

Numerosos fueron los aparatos con base en tierra que se emplearon en misiones antisubmarinas, sobre todo cuando pudieron cerrarse las "brechas del Atlántico" y "de las Azores", con el establecimiento de bases en Islandia, Groenlandia y las Azores. Desde los primeros modelos de prestaciones muy limitadas, como el Avro Anson o el Saro Lerwick, se pasó a los más adecuados Lockheed Hudson, Bristol Beaufort o Whitley. Más

MARINEROS BRITÁNICOS PREPARANDO MINAS antes de lanzarlas, en una operación de protección contra los submarinos en el mar del Norte, en los primeros meses de la guerra.

| HIDROAVIÓN |

SHORT S.25 SUNDERLAND

Este hidroavión, de gran autonomía y potente armamento, se convirtió en una de las peores amenazas para los U-Boote atlánticos, aunque resultaba vulnerable al fuego antiaéreo. **Tripulación:** 8-11. **Motor:** 4 Bristol Pegasus XVIII de 1.065 CV. **V. máx.:** 330 km/h. **Armamento:** hasta 16 ametralladoras de 7,7 mm y 1 t de bombas. **Techo de servicio:** 5.000 m.

adelante, entrarían en servicio los grandes Short Sunderland, Wellington, Boeing B-17 y los formidables B-24 Liberator, robustos y con un gran radio de acción, provistos de radares de exploración lateral y frontal, y dotados de un poderoso armamento de cañones, bombas y cargas de profundidad. La aparición de estos aparatos de gran radio de acción, junto con los portaaviones de escolta, cerró definitivamente la "brecha del Atlántico".

Durante el mes de noviembre de 1942, al precio de siete submarinos hundidos, 126 mercantes fueron a parar al fondo del mar, con un desplazamiento total de más de 860.000 t. Algunos de los nuevos ases fueron trasladados, como Topp y Brandi, perdiendo eficacia de esta manera el escenario atlántico. La carencia de comandantes veteranos se estaba haciendo sentir, pues, desde el comienzo de la guerra, se habían perdido unos 160 submarinos, muchos de ellos con toda su dotación, y los nuevos comandantes necesitaban tiempo para adquirir las destrezas y el temple necesarios, un tiempo que cada vez era más escaso. Dönitz debía recurrir a la cantidad en detrimento de la calidad.

No obstante, los primeros meses de 1943 vieron impresionantes triunfos de los submarinos, como la destrucción de los convoyes XS-229 y SC-122, que perdieron más de 20 barcos con más de 140.000 t de registro bruto. Pero, poco después, se amplió el ra-

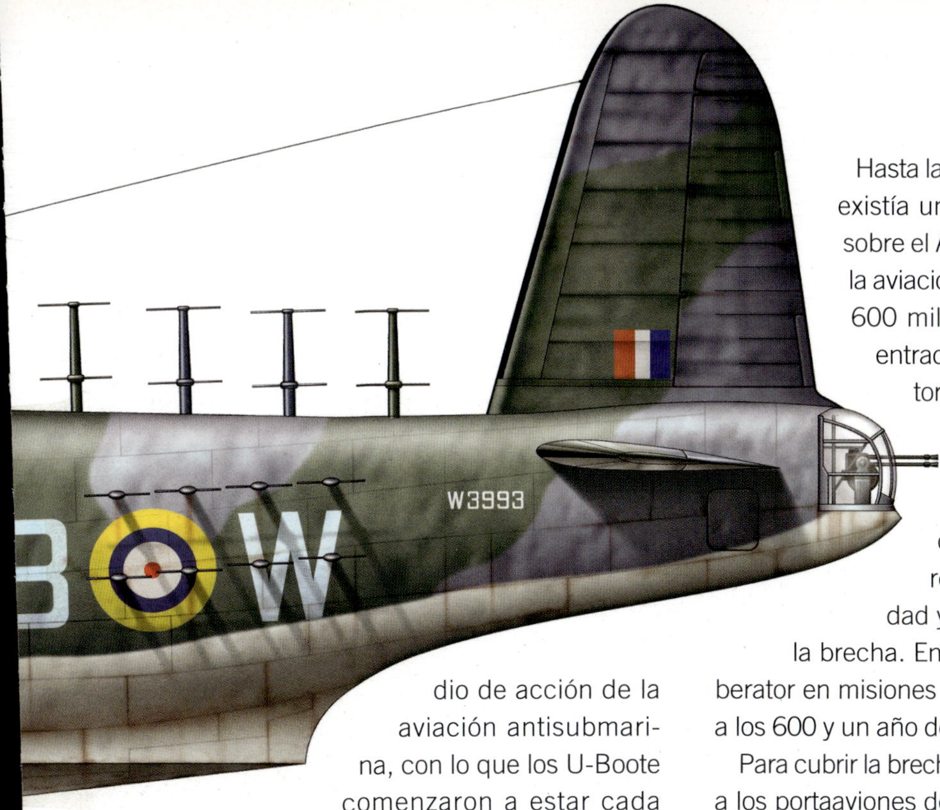

dio de acción de la aviación antisubmarina, con lo que los U-Boote comenzaron a estar cada vez más acorralados. Los submarinos en fase de tránsito hasta y desde sus áreas operacionales eran sometidos a un acoso constante por parte de aviones dotados de radar, y sus pérdidas comenzaron a incrementarse de forma dramática. Además, se veían obligados a navegar gran parte del tiempo en inmersión, emergiendo sólo durante la noche, con lo que los tiempos de tránsito y la fatiga de las dotaciones aumentaron considerablemente. Los U-Boote estaban equipados con primitivos detectores de radar, pero la batalla tecnológica iba en su contra.

Cada vez era más difícil penetrar la línea de escoltas de los convoyes, y la generalización del radar centimétrico hacía que muchos submarinos tuvieran que renunciar no ya al ataque, sino incluso a mantener el contacto con sus objetivos. Más de 1.100 aviones aliados cubrían el Atlántico desde diferentes bases, y el golfo de Vizcaya comenzó a convertirse en la tumba de muchos submarinistas.

Hasta la primavera de 1943 aún existía un amplio espacio aéreo sobre el Atlántico no cubierto por la aviación aliada, de entre 200 y 600 millas. Pero la progresiva entrada en servicio del Liberator, el Lancaster, B-17 y el Sunderland en versiones antisubmarinas, dotados de radares centimétricos, proyectores, cargas de profundidad y bombas, fue cerrando la brecha. En 1944 el número de Liberator en misiones antisubmarinas llegaba a los 600 y un año después casi a los mil.

Para cubrir la brecha los aliados recurrieron a los portaaviones de escolta, construidos a partir de cascos de mercantes adaptados. Más de 120 ejemplares serían construidos por los astilleros norteamericanos y británicos. Como medida de urgencia, los británicos desarrollaron los Merchant Aircraft Carriers, instalando una improvisada cubierta de vuelo en 19 mercantes, que, además de continuar sirviendo como transportes, embarcaban media docena de aviones de diverso tipo.

Los primeros meses de 1943 vieron una sucesión de temporales que azotaron el Atlántico Norte y que también dificultaron sobremanera las operaciones de los U-Boote. La eficacia de la aviación antisubmarina aliada fue aumentando paulatinamente, de tal forma que el número de submarinos hundidos se incrementó durante marzo y abril, hasta alcanzar un tercio de las unidades operativas en el mes de mayo (41 submarinos).

Se crearon los denominados grupos Hunter-Killer (cazador-matador), combinado de

aviones y buques, dedicados expresamente atacar a los submarinos, y pronto fueron ganando en eficacia. A modo de ejemplo, en el ataque al convoy ON-5, tras varios días de furiosos combates, los U-Boote lograron hundir 12 barcos, pero perdiendo siete unidades propias, un precio excesivamente elevado. El convoy SC-130 no perdió un solo barco, pero cinco submarinos resultaron hundidos en los ataques. Era necesario un número cada vez mayor de submarinos para tener alguna posibilidad de éxito contra un convoy bien protegido. Además, los submarinos debían realizar amplios movimientos para conseguir aproximarse a sus objetivos.

El 24 de mayo de 1943 Karl Dönitz suspendió las operaciones ofensivas en el At-

DESTRUCTOR DE ESCOLTA BRITÁNICO maniobrando alrededor de un convoy al que debe proteger en febrero de 1942, en las frías aguas del Atlántico Norte.

lántico Norte ante las elevadísimas pérdidas y los escasos éxitos obtenidos, hasta disponer de nuevos equipos con los que contrarrestar la superioridad enemiga. En su directiva lo justificaba en base "a la notoria superioridad del enemigo como consecuencia de la entrada en servicio de nuevos dispositivos de localización". La batalla del Atlántico estaba perdida.

El arma submarina alemana se beneficiaba de innovaciones técnicas, como los nuevos torpedos acústicos Zaunkönig y los autónomos FAT, específicos anticonvoy, además de otros ingenios como los señuelos Bold. Asimismo, para detectar las emisiones del radar centimétrico se dotó a los submarinos de un dispositivo denominado Naxos, de complicado manejo y no siempre exacto. Y se generalizó el uso del *snorkel*, que facilitaba las travesías, pero no era ninguna panacea, y presentaba diversos inconvenientes que hacían que su utilización resultase controvertida entre los submarinistas. Asimismo, en un intento de contrarrestar la creciente amenaza aérea, se mejoró el armamento antiaéreo, llegando a desarrollarse auténticos submarinos-trampa, dotados de un pesado armamento antiaéreo, como Flakvierling de 2 cm para intentar atraer a los confiados aviones antisubmarinos a una potente concentración de fuego. Pero esto hacía a los submarinos menos maniobreros y más ruidosos en inmersión, y los aviones aliados pronto aprendieron a ser más prudentes.

Por parte aliada, los avances no cesaban de producirse y aplicarse. Las sonoboyas, el mortero Squid, los cohetes lanzados desde los aviones, todo ello disminuyó las probabilidades de supervivencia de los U-Boote de forma dramática. En los dos últimos años de guerra, resultarían hundidos más de 500 submarinos alemanes, en el mar y en puerto. En el mes de junio, los submarinos sólo lograrían hundir 20.000 t. Se había llegado

GRUPO DE AVIONES BEAUFIGHTERS ATACANDO un buque de cabotaje alemán en las proximidades de la isla de Helgoland, el 17 de septiembre de 1944.

a un punto tal que se perdía un submarino por cada dos barcos mercantes hundidos. Era una situación insostenible.

De una manera típicamente germana, en esa fase de la guerra, con todo ya decidido, se aceleró la producción de dos nuevos tipos de submarinos que estaban llamados a revolucionar la ingeniería naval, el tipo XXI y el pequeño tipo XXIII, dotados de gran velocidad sumergidos y capaces de operar largo tiempo e, incluso, atacar en esas condiciones, pero apenas algunas unidades llegarían a estar operativas antes del final de la guerra. La realidad era que la mayor parte de los submarinos alemanes pertenecían al tipo básico con el que habían comenzado la guerra, el tipo VII, que se convirtió en el caballo de batalla y llevó el peso de las operaciones del arma submarina. Y ese modelo, con sus muchas virtudes, había tocado techo en su desarrollo.

En junio de 1943, la zona de operaciones se trasladó al sudoeste de las Azores, que ofrecía mejores perspectivas de supervivencia para los submarinos, evitando el peligroso Atlántico Norte. Su principal enemigo era el radar y la aviación, y, para contrarrestar el despliegue alemán, los británicos lanzaron una ofensiva durante el verano en el golfo de Vizcaya, ruta obligada de paso de los submarinos hacia sus áreas de operaciones.

La *Luftwaffe* fue absolutamente incapaz de proteger a los U-Boote en esas aguas, debido a la enorme superioridad aliada. Éstos contaban con nuevas armas, muy eficaces, como las sonoboyas, que transmitían los sonidos que recogían a aviones situados a una distancia de hasta 35 millas, y nuevos radares centimétricos capaces de detectar a un sumergible en superficie desde 10 km, siendo además imposibles de rastrear por los detectores de emisores que portaban los submarinos.

Los grandes submarinos del tipo IX fueron enviados al canal de Mozambique y al sur del mar Rojo, donde lograron algunos éxitos. Así, en junio de 1943, hundieron 57 barcos en el Índico (360.000 t). Portugal, presionado por los aliados, autorizó la instalación de dos grandes bases en las Azores, con lo que la brecha en el Atlántico desapareció en la práctica.

Una misión poco reconocida para los grandes submarinos oceánicos, pero muy necesaria, fue la de transportar materias primas tan vitales para la industria bélica germana como el caucho, desde los territorios ocupados por

Japón, aprovechando el viaje de ida para transportar tecnología que los japoneses necesitaban. Esta actividad se mantendría hasta el final de la guerra, aunque, realmente, nunca existió una adecuada cooperación entre ambos países para facilitar las operaciones de los submarinos alemanes en el Índico y Pacífico, donde podrían haber resultado devastadores de contar con el apoyo adecuado.

A finales de 1943, Dönitz podía contar con unos 160 sumergibles operativos, pero que, debido a las condiciones reinantes en el campo de batalla, resultaban inútiles para frenar el flujo de suministros de los aliados. Carentes de reconocimiento aéreo, incapaces de interceptar un número adecuado de mensajes de los enemigos, con sus movimientos conocidos por los aliados gracias a la ruptura del código del Enigma, los U-Boote estaban sentenciados. Durante el invierno se sucedieron los combates entre los escoltas, la aviación, y los submarinos, pero las modestas ganancias no compensaban en modo alguno las elevadas pérdidas.

EN MARZO DE 1944, KARL DÖNITZ CANCELÓ DEFINITIVAMENTE LAS OPERACIONES OFENSIVAS DE LAS "MANADAS DE LOBOS"

En enero de 1944 los U-Boote comenzaron una ofensiva limitada en aguas británicas, utilizando los tipo VII, navegando en inmersión, haciendo uso del *snorkel*. Pero los resultados fueron muy limitados. Las emisiones de radio alemanas para comunicar novedades y emitir órdenes a sus submarinos eran frecuentemente interceptadas y descifradas por los aliados, que podían adoptar así las contramedidas oportunas. Por otra parte, la *Luftwaffe* era virtualmente inexistente en el mar, con lo que el reconocimiento para los U-Boote quedaba limitado a sus propios medios. Para intentar mejorar esto, se recurrió a medidas tan ingeniosas como desesperadas, tales como la utilización de cometas, o de autogiros monoplaza plegables, que se elevaban un centenar de metros.

En marzo de 1944, Dönitz canceló definitivamente las operaciones ofensivas de las "manadas de lobos". La *Kriegsmarine* había perdido definitivamente su liderazgo tecnológico, y los astilleros alemanes no eran capaces, no sólo de reponer las cada vez más elevadas pérdidas, sino de introducir en cantidad suficiente nuevos modelos que pudiesen revertir los acontecimientos. Se construían unos 20 submarinos al mes, cifra que quedaba muy lejos de los 40 que eran los solicitados por la *Kriegsmarine*.

La tecnología llegaba tarde en ayuda del arma submarina. Comenzaron a instalarse equipos de radar eficaces a bordo, se generalizó el torpedo FAT y, meses después, el LUT, muy avanzados, pero que ya no tuvieron oportunidad de demostrar sus virtudes.

Durante los meses de marzo y abril, tras la cancelación de la ofensiva, los U-Boote pudieron recomponerse en cierto modo en sus bases en Francia, preparándose para la que se suponía inminente invasión del continente. Pero todo fue en vano. No sólo continuaron produciéndose pérdidas, sino que cuando en junio tuvo lugar la invasión, la superioridad aliada era tal que la cuarentena de submarinos que pudo concentrarse en el sector de la invasión no sólo no consiguió nada, sino que sufrió fuertes pérdidas. Todos los submarinos debían permanecer en inmersión durante el día, y, los

NÁUFRAGOS AFORTUNADOS: los supervivientes de un submarino alemán hundido por los escoltas de un convoy atlántico a la espera de ser recogidos por su enemigo.

que no tenían *snorkel* debían salir a la superficie de noche para recargar baterías, con el enorme riesgo que ello suponía en esa fase de la guerra.

En 1944, los convoyes de cierta entidad estaban escoltados por un poderoso grupo antisubmarino, que adoptaba diversas formaciones, según las circunstancias, y siempre contaba con un importante grupo aéreo. Los U-Boote lo tenían muy difícil ya. A principios del año, Dönitz decidió volver por sorpresa al Mediterráneo, cruzando el Estrecho en inmersión, pero la operación constituyó un fracaso, perdiéndose, en pocos meses, un tercio de los submarinos que se habían utilizado sin conseguir resultados de importancia.

En junio, frente a Dakar, un grupo Hunter-Killer norteamericano, formado por un portaaviones de escolta y tres destructores, logró capturar al U-505, del tipo IXC, a bordo del cual se encontró, además de una máquina Enigma, uno de los nuevos torpedos T5 Zaunkönig. Inmediatamente se estudiaron contramedidas para contrarrestar la nueva arma. No obstante, estos eficaces torpedos consiguieron varios éxitos, sobre todo frente a las unidades de escolta.

U-BOOT TIPO VIIC, EL SUBMARINO MÁS UTILIZADO EN EL ATLÁNTICO

Fueron los más numerosos en la batalla del Atlántico. Eran naves muy equilibradas y perfectamente adaptadas a su misión. El único inconveniente eran las condiciones de vida de la dotación, pero nunca faltaron voluntarios.

Submarino tipo VIIC
Eslora: **67 m**
Desplazamiento en superficie: **750 t**
Desplazamiento de inmersión: **1.050 t**
Dotación: **44 hombres**
Armamento: **1 cañón de 88 mm; 1 o varios cañones antiaéreos de 20 mm; 5 tubos lanzatorpedos de 533 mm (4 a proa y 1 a popa)**
Velocidad en superficie: **17 nudos**
Velocidad en inmersión: **8 nudos**
Profundidad máxima: **200 m**
Autonomía: **7.000 millas (90 en inmersión)**

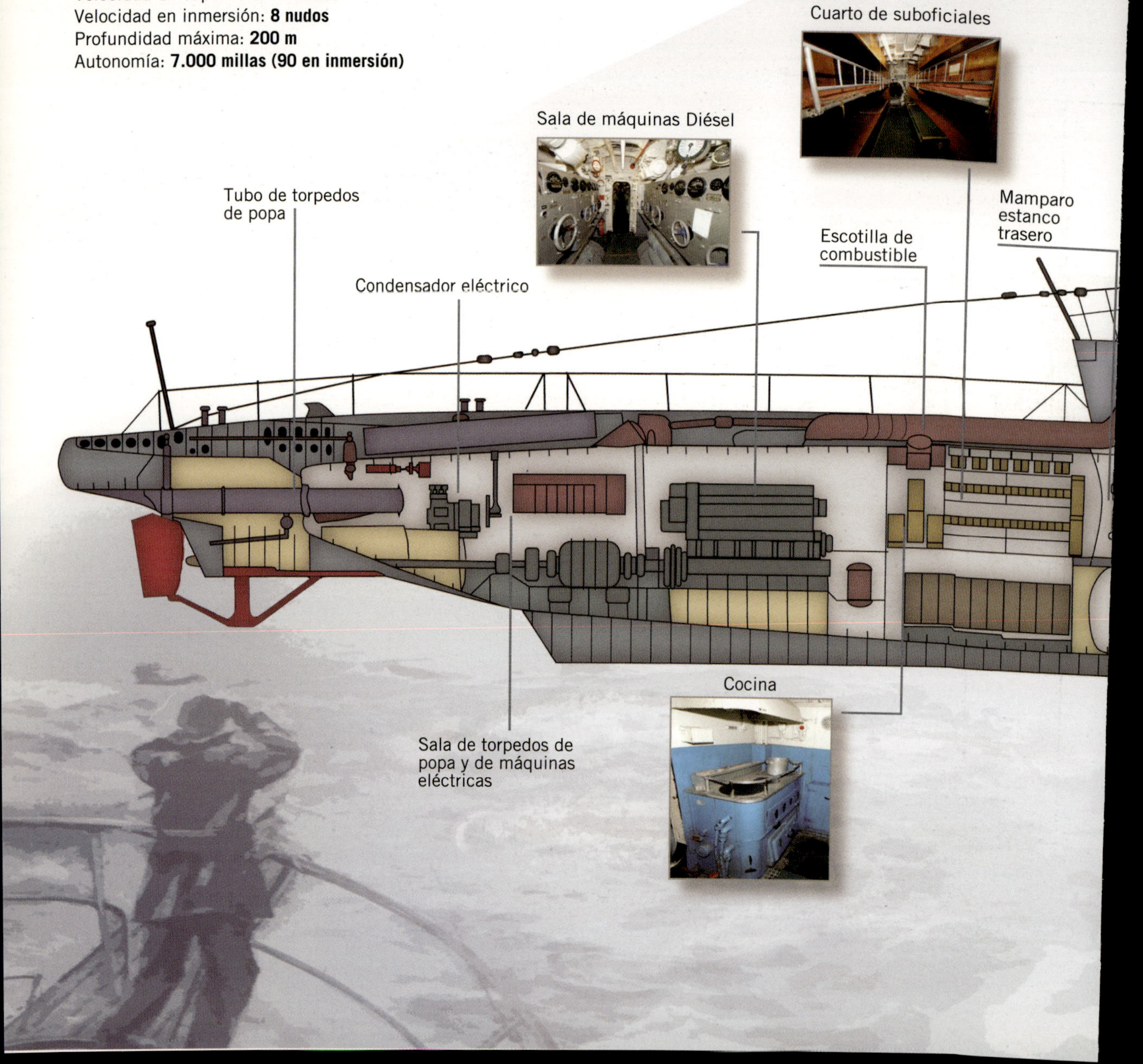

Bandera de la 'Kriegsmarine'

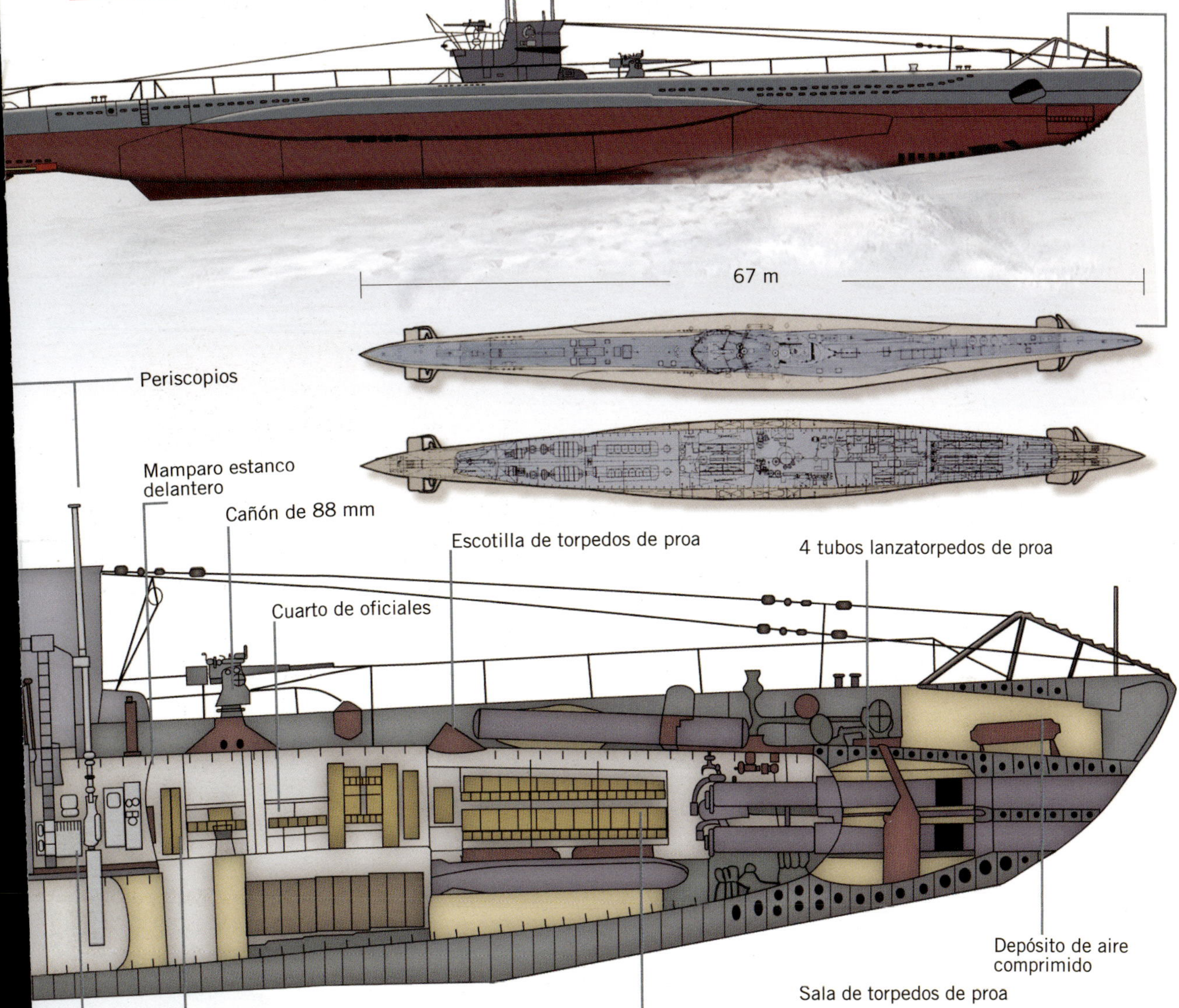

Sala de torpedos de proa

Cuarto del comandante

Central de mando

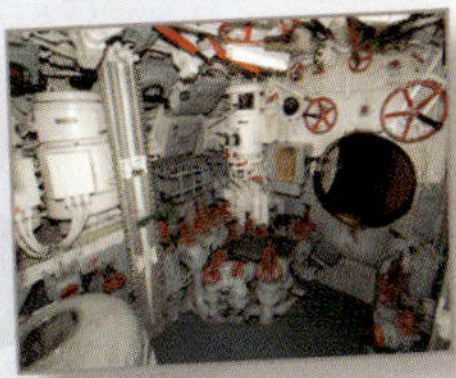

A pesar de las enormes pérdidas, y del escaso beneficio, la moral de los submarinistas alemanes permaneció extraordinariamente elevada, y no faltaban voluntarios para cubrir las bajas. Con todas las limitaciones operativas que los aliados imponían, los U-Boote continuaron con sus misiones de ataque hasta el final de la guerra, aunque los éxitos eran cada vez más escasos y caros. La presión aliada se incrementaba no sólo en aguas abiertas, sino en los lugares donde los nuevos submarinos se alistaban y las dotaciones se entrenaban. Así, se procedió a minar los puertos alemanes, como el de Hamburgo y el de Kiel, el estrecho de Kattegat y el golfo de Danzig, al mismo tiempo que tenían lugar ofensivas masivas de bombardeo contra las bases de submarinos, las cuales, dadas las formidables estructuras que los protegían, serían muy poco eficaces.

La tecnología seguía de parte de los aliados, de tal manera que, en enero de 1945, comenzó a entrar en servicio un radar que operaba en una banda de 3 cm, capaz de detectar un *snorkel* desde varios kilómetros. Los alemanes, por su parte, recurrieron a las sonoboyas de transmisión automática para minimizar el riesgo de que sus emisiones de radio permitiesen la detección del submarino. La construcción de las nuevas unidades se vio afectada, en esta fase de la guerra, por la total dislocación del sistema productivo germano, debido a los intensos bombardeos y a la invasión del territorio nacional.

A pesar de ello, en febrero, había 440 submarinos en servicio, y otros 114 se encontraban en construcción, la mayoría de los nuevos tipos eléctricos. Ya se disponía de las primeras unidades del tipo XXIII, y estaban a punto de alistarse las formidables del tipo

XXI. El 23 de febrero de 1945, el U-2322, un tipo XXIII, hundía un mercante en la costa británica. Pero el tiempo se echaba encima, y, aunque varias unidades del tipo XXI llegaron a hacerse a la mar en misión de guerra, no llegaron a entrar verdaderamente en combate.

Los U-Boote fueron la única arma que estuvo a punto de poner de rodillas al Reino Unido, estrangulando su economía, como el propio Churchill reconoció. Unos 3.000 mercantes, con un registro bruto de más de catorce millones de toneladas, fueron enviados

AERONAVES DEL PORTAAVIONES DE ESCOLTA USS 'BOGUE' atacando al U-118 en el Atlántico. El peligro del submarino sería eliminado al hundirse éste con 43 de sus 59 tripulantes.

al fondo por los submarinos alemanes, además de 187 naves de guerra y una docena de cruceros auxiliares. Pero el precio fue muy alto. De los 1.131 U-Boote que llegaron a completarse y entrar en servicio, realizaron misiones de combate 863, de los que resultaron hundidos 754, una extraordinaria proporción de bajas del 87 %. De los 39.000 submarinistas que participaron en misiones, perecieron en combate 28.730, casi las tres cuartas partes. A pesar de este enorme porcentaje de bajas, nunca faltaron voluntarios para formar parte de esta elite que constituyeron las dotaciones de los U-Boote durante la Segunda Guerra Mundial. Las palabras de Churchill son el mejor elogio que ellos pueden recibir: “La única cosa que realmente me asustó durante la guerra fue el peligro representado por los submarinos”.

LA GUERRA EN EL CINE

Cartel original del filme alemán *Das Boot* (*El submarino*, 1981), dirigida por Wolfgang Petersen.
Basado en la novela autobiográfica de Lothar-Günther Buchheim. La acción arranca en el otoño de 1941 cuando un submarino alemán parte del puerto francés de La Rochelle. Su misión es interceptar y hundir los buques británicos que surcan el Atlántico y viajan en convoyes escoltados por destructores para protegerse de la ofensiva alemana que intenta bloquear los suministros a Gran Bretaña. La joven tripulación del submarino se verá sometida a toda clase de pruebas físicas y psicológicas. El filme consigue sumergir al espectador de manera claustrofóbica en la vida a bordo del submarino, las maniobras de inmersión y las vicisitudes durante los ataques con cargas de profundidad. Al inicio, una voz en off denuncia que 40.000 marinos alemanes sirvieron en submarinos durante la Segunda Guerra Mundial de los cuales 30.000 nunca regresaron. El filme obtuvo seis nominaciones al oscar y, a pesar de no conseguir ninguna estatuilla, está considerado un título de culto del cine bélico.